P. A. Lemoisne
Cabinet des Estampes

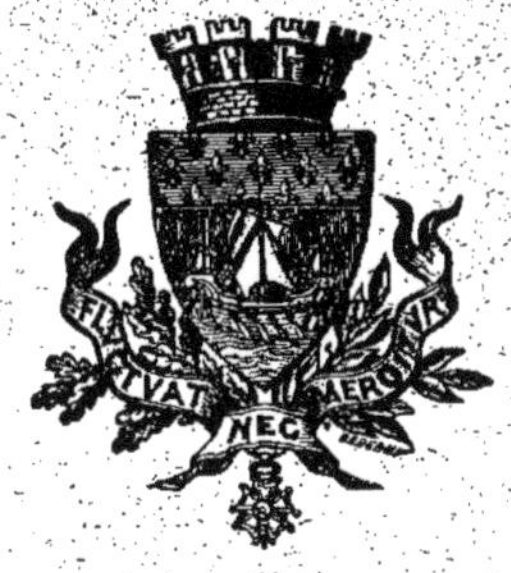

MUSÉE
GALLIERA

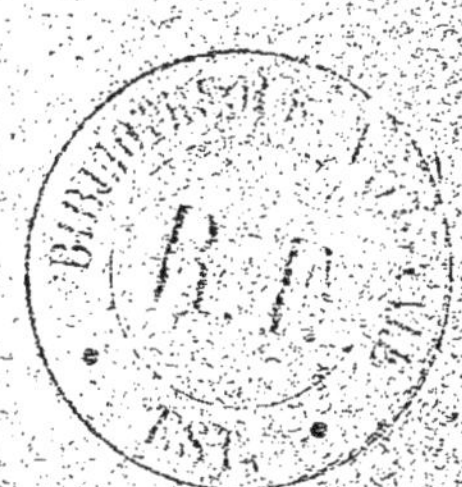

Exposition du Décor moderne
DE L'HORLOGERIE
ET DE LA BIJOUTERIE

SECTION D'ENSEIGNEMENT
SECTION RÉTROSPECTIVE

1921

Don de Mr Henri Clouzot, conservateur du
Musée Galliera

JURY PERMANENT
DU MUSÉE GALLIERA

....

MM.

ANDIGNÉ (F. d'), *Président.*
ALEXANDRE (Arsène).
AUCOC.
BÉRALDI (Henri).
CARABIN (R.).
DAMMOUSE.
DAMPT.
DEVILLE.
FALCOU (R.).
FONTENAY (Maurice de).
FROMENT-MEURICE.
LALIQUE (René).
LECOMTE (Georges).
MISSOFFE (Michel).

MM.

QUENTIN (Maurice).
REBEILLARD (Ét.).
RIOTOR (Léon).
ROBERT (Émile).
ROCHE (Pierre).
ROGER-MILÈS (L.).
ST-ANDRÉ DE LIGNEREUX.
SIMONS (Paul).
STIÉGLER (Gaston).
THIÉBAULT-SISSON.
LAURENS (P.-Justin), *Secrétaire.*
COLLOMB-DERYS (Gaston),
Secrétaire adjoint.

Conservateur du Musée : M. Henri CLOUZOT

....

A l'occasion de l'Exposition du **Décor moderne de l'Horlogerie et de la Bijouterie,** le Jury s'est adjoint :

MM.

BRUNEAU (A.), *Inspecteur de l'Enseignement artistique et professionnel de la ville de Paris ;*
DUMONTHIER, *Administrateur du Mobilier national ;*
GÉLIS (Édouard), *Horloger.*
KRUG (Charles), *Maire de Besançon ;*
MIGEON (Gaston), *Conservateur au Musée du Louvre.*

Inv 2008 D. 2008

EXPOSITIONS RÉALISÉES
AU MUSÉE GALLIERA

....

EXPOSITIONS SPÉCIALES

La Reliure (1902).
L'Ivoire (1903).
Les Dentelles, Guipures et Broderies ajourées (1904).
Le Fer forgé, le Cuivre et l'Etain (1905).
La Soie (1906).
La Porcelaine (1907).
La Parure précieuse de la Femme (1908).
Les Papiers et Toiles imprimés et pochés (1909).

La Verrerie et la Cristallerie (1910).
Les Grès, Faïences et Terres cuites (1911).
La Broderie (1912).
L'Art pour l'Enfance (1913).
La Statuette et le Meuble qui la présente (1914).
L'Art dans le Livre Français (1918).
Le Tapis et les Appareils d'éclairage modernes (1920).

EXPOSITIONS PARTICULIÈRES

L'Œuvre de l'Architecte Benouville (1904).
Reconstitution de l'ensemble exposé à Saint-Louis par les Artistes-Décorateurs (1906).
La Tradition de la Toile imprimée en France (1907).
L'Œuvre du Céramiste André Methey (1909).

Les Travaux des Mutilés de la Guerre (1916).
Le Dessin dans les Ecoles Primaires municipales pendant la Guerre (1917).
Les Arts appliqués Alsaciens et Lorrains (1919).
L'Art appliqué de Jean Baffier (1920).
L'Art belge (1921).

EXPOSITIONS GÉNÉRALES

Le MUSÉE GALLIERA organise tous les ans à l'automne une Exposition générale d'**ART DÉCORATIF**.

CATALOGUE
de la Section moderne

·······················

Ausseur (Étienne)
51 *bis*, avenue de Ségur, Paris

1. Baromètre sculpté (appartenant à Mlle W.).

B... (R.)
7 *bis*, rue de la Cassotte, Besançon

2. Montre-bracelet rectangle or, sur cuir.
3.   --   carré   --
4.   --   hexagone or ciselé.
5.   --   --   -- entourage perles.
6.   --   ovale   --   --
7.   --   rectangle -- sur moire.
8.   --   ovale   --   --
9.   --   tonneau --   --
10.   --   carré   --   --
11.   --   octogone --   --
12.   --   rectangle platine entourée gros brillants.
13.   --   carré, rond platine entourage brillants.
14.   --   — 4 chatons,   —   roses.
15.   --   ovale entourage roses.
16.   --   —   --   brillants.

17. Montre-bracelet fantaisie, entourage roses.
18.   --   carré, brillants et corail.
19.   --   ovale,   --   saphirs.
20.   --   carré,   --   onyx.
21.   --   fantaisie --   --
22. Châtelaine brillants.

Bagge et Peters
3, rue de Villersexel, Paris

23. Pendule *Corne d'abondance et fruits*, éditée par les Établissements Guinier.

Bardyère (G. de)
21, rue de Richelieu, Paris

24. Grande horloge sycomore et frêne.
25. Pendule à colonnes, palissandre.
26.   --   --   acajou et amboine.
27.   --   acajou.
28.   --   ovale, noyer.
29. Pendulette de bureau palissandre.
30.   --   --   palissandre et nacre.
31.   --   de chevet acajou.
    Meubles et tentures.

Barthélemy (Édouard)
22, avenue Quo-Vadis, Le Perreux

32. Thermomètre ivoire *Raisins*.
33.   --   --   *Églantine.*

Becker (Ed.)
6, rue Beautreillis, Paris

34. *Le Temps*, cartel bronze doré, édité par G. Leblanc-Barbedienne
35. Pendule *Chrysanthèmes*, buis et argent doré.
36. Pendule *Roses*, buis et argent doré.
37. Pendulette bois sculpté, monture or et émaux (appartenant à M. Boucheron).

Bernard-Lyon (A.)
55, rue des Archives, Paris

Pensées, par Jonchery, pendule bronze doré (voir n° 175).

Blondat (Max)
8, rue Gutenberg, Parc des Princes, Boulogne-sur-Seine

38. *L'Amour endormi*, pendulette terre cuite, ivoire, bronze doré.
39. *Le But*, pendulette bronze doré patiné à cire perdue, pierre fine.
40. Même sujet, porcelaine exécutée par la Manufacture nationale de Sèvres.

Boucheron (Frédéric)
26, place Vendôme, Paris

41. Bracelet-montre rectangulaire, entourage de roses, cadran miniature, corps tissu de perles et onyx.
42. Bracelet-montre hexagonal, corps saphirs calibrés et brillants, monture platine.

43. Bracelet-montre rectangulaire, entourage brillants et onyx, corps tissu de perles et onyx.
44. Bracelet-montre, diamant plat sur le cadran, corps brillants et onyx.
45. Montre pendentif émail vert, centre opale noire.
46. Montre pendentif améthyste gravée, cadran miniature, brillant poire en pendant.
47. Montre pendentif topazes, mouvement à jour, chaîne or ciselé et topazes.
48. Montre pendentif rectangulaire, coins coupés, monture onyx et joaillerie, trois brillants en pendants.
49. Montre rectantangulaire, monture joaillerie sur platine, ruban de moire.
50. Montre ovale, monture joaillerie sur platine, un brillant en pendant, ruban de moire.
51. Bague-montre ronde, onyx et brillants, initiale S en roses.
52. -- ovale, entourage de roses, monture platine.
53. -- -- -- brillants et onyx, monture platine.
54. Face-à-main manche pierres de lune entourées d'une torsade émail, montre et motifs miniatures entourées de roses.
55. Montre de dame vieille étoffe, entourage de perles.
56. -- -- en forme de croix, pendentif émaux violets et blancs, motifs en roses.
57. Montre d'homme platine, scènes grecques en damasquiné or ciselé.
58. Montre d'homme octogonale onyx, pendants et anneau émail noir et blanc.
59. Montre d'homme carrée, émail noir.
60. -- -- ronde, écaille, monture émail blanc sur or.
61. -- -- -- -- -- émaux blancs et noirs sur or.

62. Montre d'homme hexagonale, onyx, cadre ivoire, fond camée ovale onyx.
63. Montre d'homme carrée, centre sujets émaux.
64. -- -- ronde, ivoire, sujet gladiateur émail noir.
65. -- -- carrée, coins arrondis, émaux rouges or, masques japonais.
66. Montre d'homme forme octogonale, émail ivoiré et noir, réserve d'or, sujet grec.
67. Pendulette rectangulaire or, dessus cintré, émail vert sur or, cadran miniature entourée de roses.

* Pendule bois sculpté, par Ed. Becker, monture or et émaux (voir n° 37).

Bourgeot (Georges)

3, rue des Gobelins, Paris

68. Pendule acajou et bronze, éditée par G.-Roger Sandoz (appartenant à M. Marnier-Lapostolle).

Bouvet (R.)

25, avenue Sainte-Barbe, à Enghien-les-Bains (Seine-et-Oise)

69. Fond de montre uni crocydolithe.
70. -- -- -- jaspe sanguin.
71. -- -- *Amour* gravé en creux relief, sardoine.
72. -- -- gravé *Minerve*, onyx, incrustations or et argent.
73. -- -- incrustations or, argent, purpurine.
74. -- -- gravé en creux relief, *Amour jetant des fleurs*, sardoine.
75. Fonds de montre gravé relief, *Amour*, camée agate fond rouge.

Brandt (Paul)
5, rue des Saints-Pères, Paris

76. *Danseuses modernes*, pierres dures gravées haut-relief :
Pierre de lune. -- Trois camées noir et blanc. -- Deux camées vert et blanc. -- Camée cornaline deux couches.

Brateau (Jules)
66, rue Rochechouart, Paris

77. *Adam et Ève*, pendule étain, éditée par Christofle et Cie.

Brindeau de Jarny (Paul)
34, boulevard de Clichy, Paris

78. Baromètre *Raisins* (appartenant à M. Namur).
79. Pendule *Camélias*, cuivre forgé (appartenant à M. Chaskin).
80. Cadre de pendule *Raisins*, cuivre forgé.

Cam Lafontaine Hazebroucq
16, rue de la Paix, Paris

81. Pendentifs et montres d'art, joaillerie, platine.
82. Pendulettes en gemmes ornées de joaillerie.
83. Montres de poche platine et or, style moderne.

Capon (Eugène-Louis et Georges-Louis)
40, rue de l'Assomption, Paris

84. Cartel bronze ciselé.
85. -- acier martelé et ciselé.

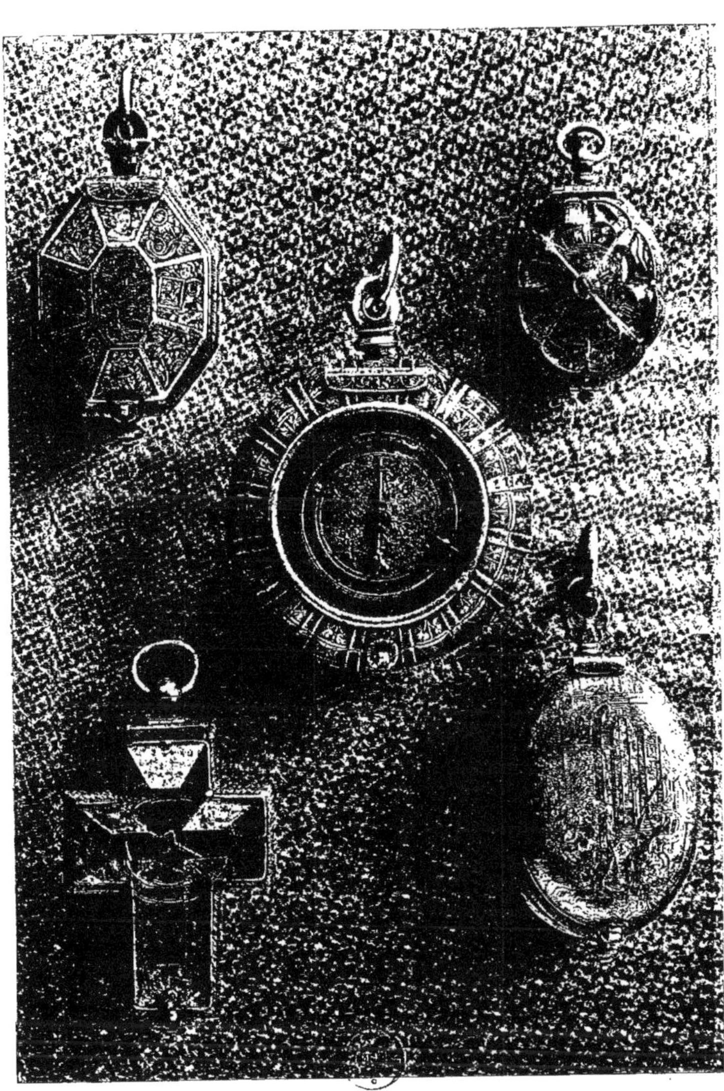

MONTRES DÉBUT DU XVIIᵉ SIÈCLE
Collections Blot-Garnier et Gélis

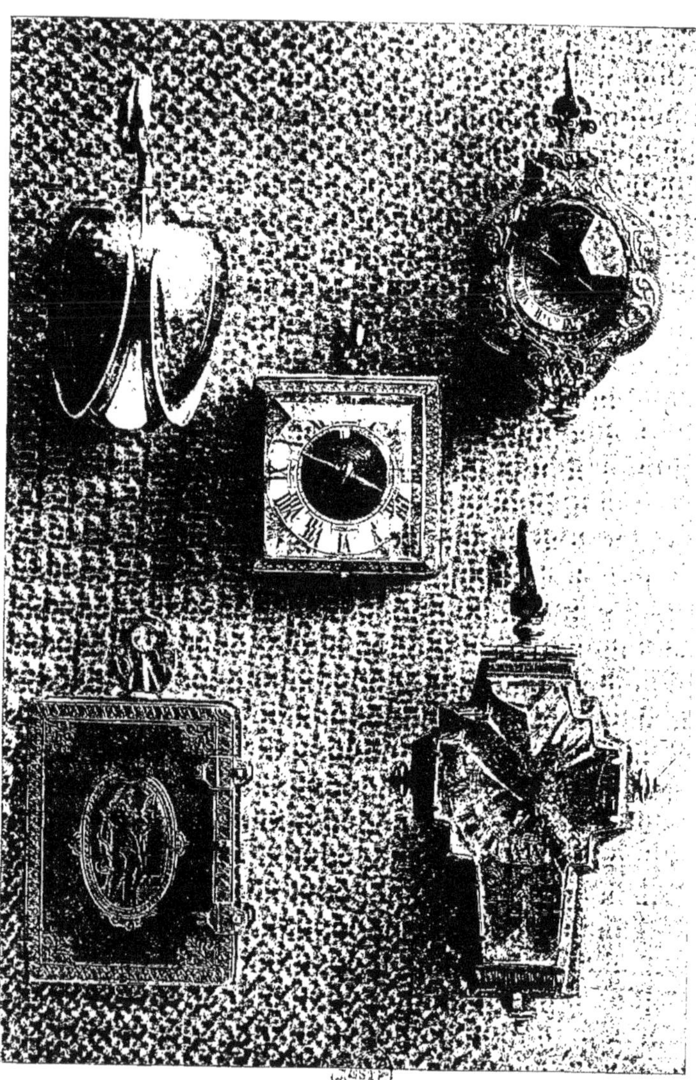

MONTRES DÉBUT DU XVIIᵉ SIÈCLE
Collections Blot-Garnier et Olivier

Carabin (Rupert)

Directeur de l'École municipale des Arts décoratifs de Strasbourg

86. *La Fuite des heures tragiques et comiques, gaies et tristes,* avec l'améthyste, préservatif de l'ivresse, pendule bronze doré et marbre (appartenant à M. de Biéville).

Caron (A.)

200, rue de Belleville, Paris

87. Pendentif ivoire teinté, masques d'enfants.

Cartier

13, rue la Paix, Paris

88. Montre de dame à répétition aux minutes, mouvement 10 lignes ultra-plat, boîte platine, quatre entourages en roses.

89. Montre 17 lignes savonnette, ultra-plate, épaisseur 135/100.

90. Montre 17 lignes or, à double cadran (éclipse) 12 et 24 heures.

91. -- -- or, 8 jours, mouvement ultra-plat, à double barillet.

92. Montre 17 lignes or, à marche 24 heures.

93. -- -- -- heures à guichet.

94. -- -- -- mouvement plat, à répétition aux minutes, chronographe compteur, dédoublante.

95. Montre 18 lignes or, décor émail et ciselure.

96. -- 19 -- -- cadran à quantième, lever et coucher de soleil.

97. Montre plate 17 lignes or, répétition aux minutes, mouvement visible.

98. Mouvement 7 lignes à ancre, ultra-plat, dans une pièce de monnaie de 10 dollars.

99. Mouvement nu 17 lignes, ultra-plat, épaisseur 135/100.

100. Pendulette ronde agate des Indes, décor émail blanc et bleu étoilé sur or, trois index diamants.

101. Pendulette forme cubique, décor pékin bleu et or, répétition aux minutes.

102. Pendulette forme cubique en ébène, applications or et émail, turquoise, décor oriental.

103. Pendulette forme cubique en ivoire, applications or.

104. Pendulette carrée à chevalet, cadre or, ornements orientaux, saphirs et émail.

105. Pendulette carrée à chevalet, cadre or, ornements orientaux, saphirs et émail.

106. Bracelet-montre sur ruban moire, montre ovale, entourage et attaches brillants, fermoir en roses.

107. Bracelet-montre sur ruban moire, montre carrée, entourage et attache brillants, fermoir en roses.

108. Bracelet-montre sur ruban moire, montre forme tortue, entourage brillants, fermoir en roses.

109. Bracelet-montre sur ruban moire, montre rectangulaire, entourage brillants, fermoir en roses.

Castelli (Mme Gabrielle)

59, rue Boissière, Paris

110. Pendentif bronze doré et cornaline.

111. Cœur feuilles argent et cabochons améthystes et perles.

112. Cœur feuillages *Vigne* et *Hanneton* doré.

113. Pendentif *Algues,* topazes.

114. Chaîne châtelaine et médaille argent.

Chalon (L.)

115. *Reine des Champs,* pendule bronze doré et marbre, éditée par
Jollet et Cie.

Chanloup (René) et Robert (Raymond)
28, rue d'Orsel, Paris

116. Deux cadres contenant chacun six planches de l'album
Le Joaillier.

Charpentier (Armand)
(décédé)

117. *Le Jeune et le Vieux Temps,* pendule en bois de padouck ciré
et bronze, bas-relief des *Trois Parques* sur le socle, ébénisterie
de Tony Selmersheim (appartenant à M. Paul Hébert).

Christofle & Cie
56, rue de Bondy, Paris

* Pendule bronze ciselé, par Jacques Palyart (voir n° 259).

* *Adam et Ève,* pendule étain, par Jules Brateau (voir n° 77).

Compagnie des Arts Français
(L. Sue et A. Mare)
116, faubourg Saint-Honoré, Paris

* *Les Colombes,* pendule bronze doré, par P. Vera et Pierre
Poisson (voir n° 292).

Meubles et tentures.

Contenot et Lelièvre

12, rue Oberkampf, Paris

Le Jour et la Nuit, par G. Poitvin, pendule, maquette plâtre
destinée à être exécutée en bronze doré et marbre (voir n° 263).

Cormier (J.)

36, avenue de Châtillon, Paris

118.   *Le Jour et la Nuit,* pendule terre cuite, esquisse.

Delvaux

18, rue Royale, Paris

119.   Quatre pendulettes bois peint.
120.   Trois   --   cristal.
121.   Deux   --   porcelaine, décor moderne.
122.   Trois thermomètres bois peint.

Desbois (J.)

89, boulevard Murat, Paris

123.   *Le Jour et la Nuit,* pendule terre cuite, éditée par A.-A. Hébrard.

Descomps (Joë)

36, avenue de Châtillon, Paris

124.   *L'Amour qui veille,* pendule marbre blanc et bronze doré, éditée
par Lapointe et fils.

Dubret (Henri)
1, rue d'Hauteville, Paris

125. Bracelet-montre or, émaux, pierres précieuses.
126. Bijoux divers.

Ducuing

128. *Vénus coupant les ailes de l'Amour*, pendule exécutée par la Manufacture Nationale de Sèvres.

Dufrêne (Maurice)
22, rue Bayard, Paris

129. Pendule marbre et bronze.
Meubles et tentures.

Dunand (Jean)
72, rue Hallé, Paris

130. Pendule *Caducée*, bronze ciselé incrusté d'or et d'argent (appartenant à M. J.-Ph. W.).
131. Douze montres en acier oxydé, incrustées d'or et d'argent.

Eaubonne (d')

132. Pendule, dorure de Moreau, exécutée par la Manufacture Nationale de Sèvres.
133. Pendule, dorure d'Uhlrich, exécutée par la Manufacture Nationale de Sèvres.

Favre (Pierre-André)

Crosne (Seine-et-Oise)

134. Pendule porcelaine et bronze (en collaboration pour la porcelaine avec M. Marcel Bever).

Feuillâtre (Eugène)

(décédé)

135. Pendulette *Papillons,* émail translucide (appartenant à MM. Verger frères).

Fix-Masseau

30, rue de Bruxelles, Paris

136. *Une heure console l'autre,* pendule marbre.
137. *Une heure chasse l'autre,* pendule terre cuite.

Fourrier & Cie

54, rue de Bondy, Paris

138. Camée agate, *Amours.*
139.   --   --   *Renaud et Armide.*
140. Cristal de roche gravé : *Faunesse, Idylle antique, Baise-main.*
141. Pierre de lune gravée.
142. Buste agate pour pendule, *Faune.*

Gallerey (Mathieu)

2, rue de la Roquette, Paris

143. Horloge à poids, chêne.
144. Deux cartels étagère, chêne.
    Meubles d'antichambre, tentures de la maison Dim.

Gay et Mage

5, rue Saint-Marc, Paris

145. Deux pendulettes de voyage.

Goupy (Marcel)

10, rue Charlot, Paris

146. Pendule, cristal décoré d'émail translucide, éditée par Geo. Rouard.
147. Sept pendentifs   --   --   --
148. Deux bracelets   --   --   --

Grandhomme

25, rue Humboldt, Paris

149. Pendule de voyage à répétition d'heures, panneaux d'émail de Limoges, *Vénus et Diane*, boîte de Mollard, éditée par Leroy et Cie.
150. Montre or, émail de Limoges, éditée par Leroy et Cie.
151. Montre or, peinture sur émail.   --   --   --

Grange (F.)

152. *Pied d'Alouette*, pendule bronze doré et noyer, éditée par Jollet et Cie.

Grun (Sam.)

153. *Jour et Nuit*, pendule bronze doré et marbre, éditée par Jollet et Cie.

Guenardeau (Sem)
10, place Dancourt, Paris

154. *Platane*, pendulette carrée, éditée par Susse frères.
155. *Myosotis*,   --   --   --   --   --
156. *Noisettes*, pendule à chevalet, --   --   --
157. *Platane*,   --   --   --   --   --
158. *Myosotis*,   --   --   --   --   --
159. *Muguet*, pendule,   --   --   --   --
160.   --   cartel,   --   --   --   --
161. *Myosotis*, pendule,   --   --   --   --
162. *Platane*, pèse-lettres, --   --   --   --
163. *Eglantines*, pendulette bronze doré, éditée par Leblanc-Barbedienne.

Guinier (Établissements)
34 à 40, rue de Trévise, Paris

* Pendule *Corne d'abondance et fruits*, par Bagge et Peters (voir n° 23).

Guino (Richard)
7, rue Daguerre, Paris

164. *Les Grâces*, pendule, plâtre original, éditée par A.-A. Hébrard.

Hébrard (A.-A.)
8, rue Royale, Paris

* *Le Jour et la Nuit*, pendule, terre cuite, par J. Desbois (voir n° 123).

* *Les Grâces*, pendule, plâtre original, par R. Guino (voir n° 164).

Hour (Charles)
7, rue Saint-Anasthase, Paris

165. Deux pendules régulateur.
166. Neuf pendulettes-chevalet.
167. Deux   --   calendrier.
168. Pendule baromètre et thermomètre.
169. Pendulette baromètre et thermomètre.
170. Trois pendules de forme.
171. Trois pendules marbre.

Injalbert
57, boulevard Arago, Paris

172. *Le Temps et la Justice*, horloge solaire de la nouvelle tour du Palais de Justice de Paris, A. Tournaire, architecte, plâtre original.

J... frères et Cie
à Beaucourt (territoire de Belfort)

173. Montres vieil argent estampé : *Motocycliste, Chasse aux canards, Pêcheurs, Chasseur à l'affût, Pêcheur à la ligne, Chasse à courre, Locomotive, Combat de boxe, Automobile, Ballon, Aéroplane, Locomotive.*
174. Pendules de voyage : *Médicis, Trianon, Corinthienne, Athénienne, Dôme cloisonné, Trianon.*

Jollet et Cie
(Ancienne Maison COLLIN et Cie)
17, rue des Tournelles, Paris

* Pendule *Jour et Nuit,* par Sam. Grun, bronze doré et marbre (voir n° 153).

*Pendule *Reine des Champs,* par L. Chalon, bronze doré et marbre (voir n° 115).

*Pendule *Femme au Sablier,* par A. Landry, bronze argenté et marbre (voir n° 223).

*Pendule *Pied d'Alouette,* par F. Grange, bronze doré et noyer (voir n° 152).

Jonchery

175. *Pensées,* pendule bronze doré, éditée par A. Bernard-Lyon.

Jouant (J.)

176. *La chûte des Heures,* horloge jardinière électrique avec application de fonte d'étain, ébénisterie et décoration par F. de Saintilan.

Jourdain (Francis)

2, rue de Sèze, Paris

177. Pendule acajou.
Meubles et tentures.

Jozon (Mlle J.)

37, rue de Babylone, Paris

178. Agrafe argent et lapis.
179. Pendentif chrysoprase.
180.   --   rond malachite.
181.   --   repercé turquoise.

Lacloche frères
15, rue de la Paix, Paris

Montres d'hommes :

182. Montre d'homme ronde, onyx et corail rouge.
183.   --   --   carrée, coins coupés, émail noir cloisonné or fin, frise gravée.
184. Montre d'homme six pans, or blanc et or fin, sujet de danse ciselé et émaillé.
185. Montre d'homme carrée, coins arrondis, platine, centre cristal de roche gravé.
186. Montre d'homme ronde, or blanc, personnages ciselés or vert.
187.   --   --   octogonale, platine, semis or vert, rouge et blanc, centre goutte émail noir.
188. Montre d'homme émail noir, carrée, coins coupés, carrure brillants.
189.   --   --   ivoire et onyx, octogone.
190.   --   --   Régence, onyx gravé et platine.
191.   --   --   --   gland onyx et platine.
192. Chaîne platine, perles et onyx.
193.   --   --   -- - lapis.
194.   -- or, émail noir, perles et onyx.
195. Face-à-main joaillerie, corail et onyx.

Bracelets :

196. Bracelet ovale sur moire, décor émail moderne lignes.
197.   --   --   --   --   --   -- roses.
198.   --   --   --   --   --   -- masques.
199.   -- rectangle sur moire, décor émail moderne, semis tricolore.
200.   --   --   --   --   -- jade lignes.
201.   --   --   --   -- cloisonné or.
202.   -- chute brillants, entourage onyx, cadre miniature.
203.   -- onyx et roses.

Pendentifs :

204. Pendentif gland perles et brillants.
205. -- pierre de lune et lapis.
206. -- ovale émail cloisonné.
207. -- pierre de lune gravée, entourage brillants.
208. -- cristal de roche et onyx.

Régences :

209. Régence pierre de lune, perles et brillants.
210. -- lapis et ivoire.

La Fresnaye (Roger de)
7, rue Lalo, Paris

211. Pendule bois laqué et bronze.

Lahalle et Levard
83, rue de la Tombe-Issoire, Paris

212. Cartel en citronnier, sculptures et bronzes de Laurent Malclès. Meubles et tentures, broderies de Mme Fréchet.

Lalique (René)
40, Cours la Reine, Paris

213. Petite montre de dame, émail translucide et or, *Papillons blancs,* sautoir or et émail même décor (appartenant à Mme Paul Bessand).
214. Montre d'homme, émail et or, *Chauves-souris et Cigogne,* chaîne or et émail, décor *Chauves-souris* (appartenant à M. Jacques Rouché).

215. Montre de dame, émail translucide et or, décor *la Vie d'une Rose*, sautoir or et émail décor *Roses* (appartenant à Mme Waldeck-Rousseau).

216. Petite montre de dame, argent et cristal émaillé, *Poissons et Algues*, sautoir argent et émail, décor *Algues* (appartenant à Mme Waldeck-Rousseau).

217. Montre émail et or, décor *Pin* (appartenant au Musée des Arts Décoratifs).

218. *La Ronde des Heures*, boîtier de montre en verre.

219. Pendulette verre, *Hirondelles*, émail noir.

220. ‑‑ ‑‑ *Amours*.

221. ‑‑ ‑‑ *Perruches*.

222. ‑‑ ‑‑ *Bouquet de Marguerites*.

Landry (Abel)
42, rue Jouffroy, Paris

223. *Femme au Sablier*, pendule bronze argenté et marbre, éditée par Jollet et Cie.

Lapointe et fils
100, rue Amelot, Paris

* *L'Amour qui veille*, pendule marbre blanc et bronze doré, par Joë Descomps (voir n° 124).

Larche (R.)
(décédé)

224. *Les Heures*, pendule bronze doré au mercure, éditée par Siot-Decauville.

225. Horloge monumentale pour le Ministère de l'Instruction publique, plâtre original (appartenant à Mme Larche).

Leblanc-Barbedienne (G.)

30, boulevard Poissonnière, Paris

Le Temps, par Ed. Becker, cartel bronze doré (voir n° 34).
Eglantines, par Sem Guenardeau, pendulette bronze doré
(voir n° 163).

Lefebvre fils aîné

106-108, rue de Rivoli, Paris

226. Pendules, pendulettes et horlogerie.
227. Montres-pendentifs joaillerie et émail.

Lelièvre (E.)

12, rue de Belleyme, Paris

228. *Boule de Neige*, pendule biscuit, éditée par la Manufacture
Nationale de Sèvres.
229. *Le Char de l'Etat*, pendule terre cuite, marbre et bronze doré
(appartenant à l'Etat).

Leroy et Cie

7, boulevard de la Madeleine, Paris

230. Régulateur de cheminée à quantième perpétuel de jours, mois,
dates, millésimes, phases de lune, équation du temps, sur deux
cadrans montrant le temps vrai et le temps moyen, échappement
à seconde à corps perdu, balancier compensé, boîte acajou et
bronze.
*Pendule de voyage à répétition d'heures, boite de Mollard,
panneaux d'émail de Limoges, par Grandhomme (voir n° 149).

231. Pendule de table à quantième perpétuel et phases de la lune.
232.   --   --   sonnerie de quarts, répétition réveil, boîte bronze ciselé et doré.
    *Montre de dame, émail de Limoges, par Grandhomme (voir n° 150).
    *Montre de dame, peinture sur émail, par Grandhomme (voir n° 151).
233. Montre de dame, or ciselé.
234.   --   --   bas-relief.
235. Montre or, 19 lignes, ancre, bulletin d'observatoire, 1re classe 236 points.
236. Montre-bracelet platine, joaillerie.
237.   --   --   onyx, émeraude, brillants.
238.   --   --   tissu platiné.

Levasseur (M.)

37, villa d'Alésia, Paris

239. *Enfants à la lyre*, pendulette bronze doré.

Majorelle frères et Cie

53, avenue Victor-Emmanuel-III, Paris

240. *Clématites*, horloge de parquet, noyer.
241. Pendule acajou et bois doré.
    Meubles et tentures.

Marque (Albert)

116, rue de Vaugirard, Paris

242. *Les Saisons*, pendule bronze (appartenant à la Ville de Paris).

Miault (Henri)

48, boulevard Malhesherbes, Paris

243. Cartel bronze *Epis*.
244. Thermomètre bronze *Ronces*.
245.   --   --   *Papillon*.
246.   --   --   doré *Papillon*.
247. Calendrier bronze *Orge et Avoine*.
248.   --   --   *Cardère*.
249. Thermomètre *Orge et Avoine*.
250.   --   *Avoine*.
251. Face-à-main et sautoir *Bourgeon*, émail sur argent et perles fines.
252. Sautoir argent *Pin*.
253.   --   --   *Epis*.
254.   --   --   *Avoine*.
255. Chaîne de montre or *Eucalyptus*.

Millet

9, place des Vosges, Paris

Femme à la Lyre, par Piat, grande pendule de parquet, modèle original en bronze (voir n° 262).

Mouchet (L.)

69, rue Doudeauville, Paris

256. Cartel fer forgé.

Nics frères

98, avenue Félix-Faure, Paris

257. Horloge de parquet, décor *Blé*, fer forgé.

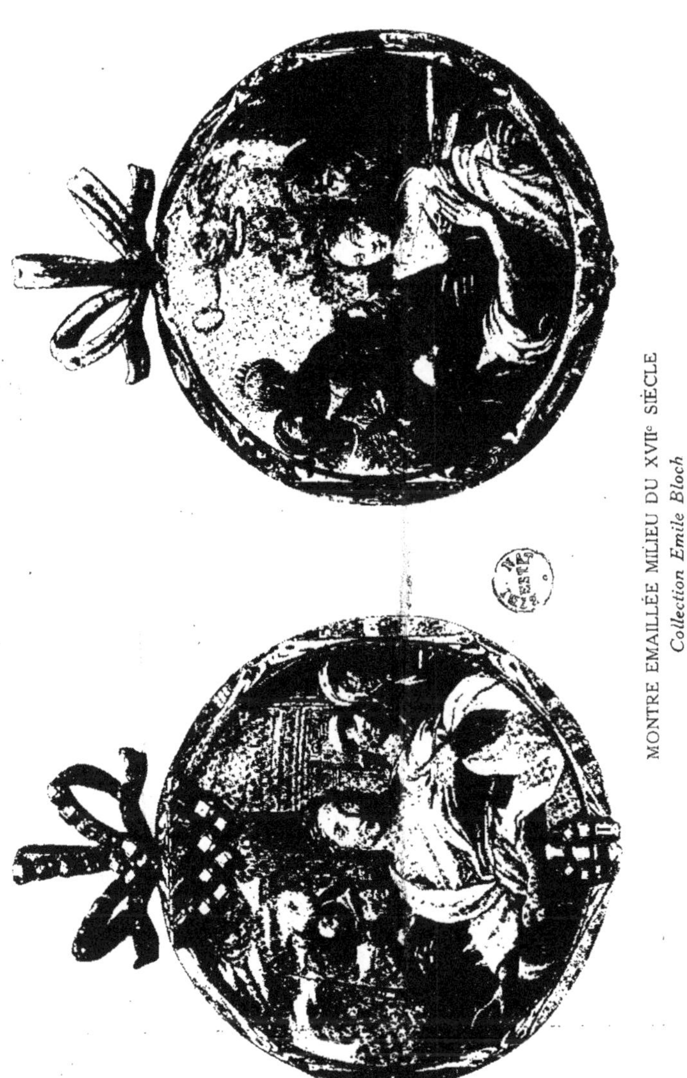

MONTRE EMAILLÉE MILIEU DU XVIIe SIÈCLE
Collection Emile Bloch

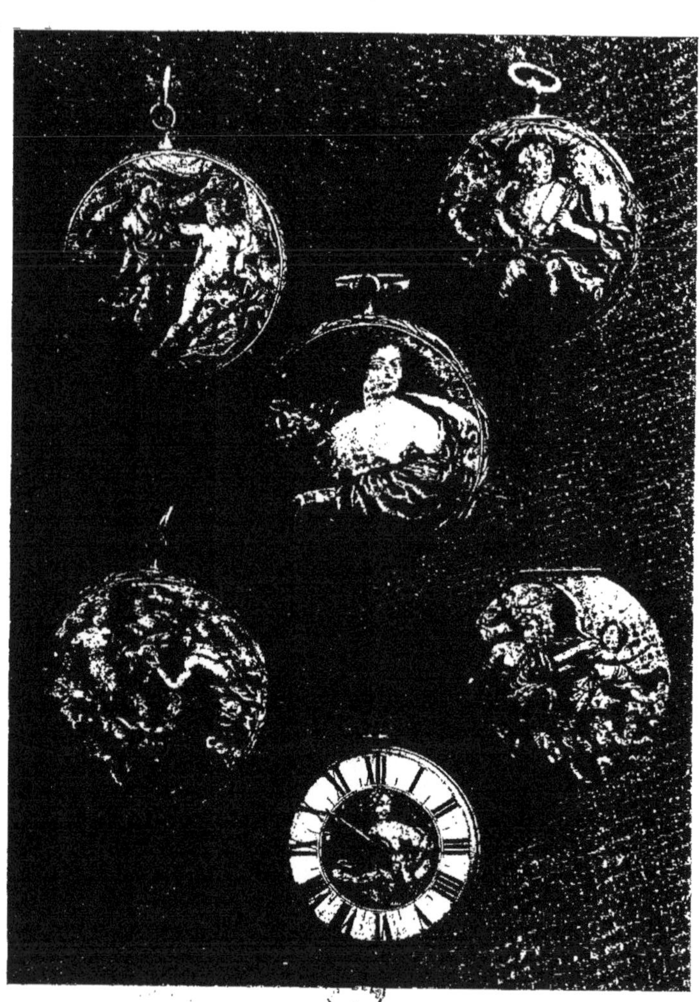

MONTRES ÉMAILLÉES PAR LES FRÈRES HUAUD
Collections Blot-Garnier, Gélis et Olivier

Palyart (Jacques)
17, rue de Courcelles, Paris

258.   Pendule bronze ciselé, exécutée par Christofle et Cie.
Meubles et tentures.

Pasquier (Mlle Nelly)
1, villa Amalia, Paris

259.   Pendentif ivoire.

Perron (Charles)
5, rue Dareau, Paris

260.   *Baigneuse*, pendule marbre.

Piat
(décédé)

261.   *Femme à la Lyre*, grande pendule de parquet, modèle original
en bronze, éditée par la Maison Millet.

Poisson (Pierre)
23, boulevard Pasteur, Paris

* *Les Colombes*, pendule bronze doré, en collaboration avec
P. Vera, éditée par la Compagnie des Arts français
(voir n° 292).

Poitvin (G.)
12, rue Oberkampf, Paris

262.   *Le Jour et la Nuit*, pendule, maquette plâtre destinée à être
éditée en bronze doré et marbre par Contenot et Lelièvre.

Primavera (Ateliers)

263. Six pendules fabriquées par les *Magasins du Printemps.*
Meubles et tentures.

Roche (Pierre)
25, rue Vaneau, Paris

264. *Le Lézard,* cadran solaire bronze, sur socle céramique de
J. Lœbnitz.
265. *La Sieste,* cadran solaire bronze, sur socle céramique de
J. Lœbnitz.
266. *La Méridienne,* cadran solaire, modèle plâtre.
267. *L'Aurore,* pendule étain.
268. Poids d'horloge, bronze.

Richard (Paul)
11, place Dauphine, Paris

269. Quatre modèles de montres.

Rouard (Geo)
34, avenue de l'Opéra, Paris

* Pendule cristal décoré d'émail translucide, par Marcel Goupy.
* Pendentifs. --   --   --   --   --   --
* Bracelets --   --   --·   --   --   --
(voir n°s 146 à 148).

Rozet (Mme Fanny)
238, boulevard Raspail, Paris

270. *Heures heureuses,* pendule, modèle plâtre.

Ruhlmann
27, rue de Lisbonne, Paris

271. Horloge en vieux chêne, sculptée à la gouge.
Meubles et tentures.

Saint-André de Lignereux
5, rue Théodule-Ribot, Paris

272. Pendule *Pomme de Pin*, cuir repoussé à la main sur fond d'or.
273. Pendulette fantaisie, cuir ciselé.

Saintilan (F. de)
17, rue Saint-Sébastien, Paris

* *La Chute des heures*, horloge jardinière électrique avec applications de fonte d'étain, par J. Jouant, ébénisterie et décoration par F. de Saintilan (voir n° 176).
274. Régulateur loupe de bouleau, filets érable et thuya, mouvement carillon français sur 8 gongs.
275. Régulateur baromètre et thermomètre thuya, filets bois de rose et buis, mouvement carillon français sur 8 gongs.

Sandoz (G.-Roger)
10, rue Royale, Paris

* Pendule, par G. Bourgeot, appartenant à M. Marnier-Lapostolle (voir n° 68)

Savine (Léopold)
7, avenue des Sycomores, villa Montmorency, Paris

276. *L'Amour désarmé*, modèle plâtre.
277. *L'Amour conseiller*, modèle plâtre.

Scheidecker (Frank et Paul)

32, rue du Sentier, Paris

278. Horloge bois sculpté polychromé.
279. Pendule *Herbes des champs*, cuivre poli et découpé.
280. -- *Lilas*, cuivre poli et découpé.
281. Cartel *Herbes*, cuivre poli et découpé, enveloppe cristal.

Schenck

9, rue Vergniaud, Paris

282. Face-à-main *Libellule*, argent et péridots.

Schmittbuhl

14 *bis*, rue Guénot, Paris

283. Horloge de parquet à colonnes, carillon Westminster, loupe
d'amboine et bronze doré.

Selmersheim (Tony)

33, avenue Charles-Floquet, Paris

284. Pendule marbre vert de mer, socle bois sculpté et doré.
285. -- sculptée citronnier de Ceylan.
* *Le Jeune et le Vieux Temps*, pendule en bois de padouck ciré et
bronze, bas-relief des *Trois Parques* sur le socle, par
A. Charpentier appartenant à M. Paul Hébert (voir n° 117).
Meubles.

Sèvres (Manufacture Nationale de)

* *Le Bât*, pendule, par Max Blondat (voir n° 40)
* *Vénus coupant les ailes de l'Amour*, pendule, par Ducuing
(voir n° 128).

* Pendule, par d'Eaubonne, dorure de Moreau (voir n° 132).
* Pendule, par d'Eaubonne, dorure d'Uhlrich. (voir n° 133).
* *La Boule de Neige*, pendule, par E. Lelièvre (voir n° 228).

Siot-Decauville

24, boulevard des Capucines, Paris

* *Les Heures*, par Larche, pendule bronze doré au mercure
(voir n° 224).

Subes (Raymond)

9, rue Saint-Paul, Paris

286. Cartel fer forgé et cuivre.
287. Pendule marbre et fer forgé.

Susse frères

13 et 15, boulevard de la Madeleine, Paris

* Pendulette carrée, *Platane*, par Guenardeau.
*   --   --   *Myosotis*,   --
* Pendule à chevalet, *Noisettes*,   --
*   --   --   *Platane*,   --
*   --   --   *Myosotis*,   --
* Pendule *Muguet*,   --
* Cartel *Muguet*,   --
* Pendule *Myosotis*,   --
* Pèse-lettres *Platane*,   -- (voir n°ˢ 154 à 163).

Szabo (A.-G.)

15, rue Émile-Dubois, Paris

288. Cadran d'horloge monumental en fer forgé, pour le hall de la *Banque de l'Union Parisienne*, M. Figarol, architecte.
289. Horloge de parquet fer forgé, *Vigne vierge et Ronces*.

Templier (Raymond)

3, place des Victoires, Paris

290. Bijoux.

Van Rozen (Mme)

10, rue Saint-Senoch, Paris

291. *L'Heure joyeuse*, pendule, modèle plâtre.

Véra (Paul)

61, rue de Rome, Paris

292. *Les Colombes*, pendule bronze doré, en collaboration avec Pierre Poisson, éditée par la Compagnie des Arts français.

....

MM. CHATEL et TASSINARI, CORNILLE Frères ont prêté pour cette exposition des soieries modernes, damas, brocatelles, brocarts, velours de Gênes.

M. COUDYSER a présenté des tapis.

SECTION
d'Enseignement professionnel

....

MINISTÈRE DU COMMERCE ET DE L'INDUSTRIE

École Nationale de Besançon

Horlogerie et Mécanique de précision

1. Ebauches.
2. Plantages.
3. Montres (argent complète -- mouvement sous verre -- chronographe sous verre).
4. Pivotages.
5. Réglages.
6. Boîtes argent et métal.
7. Marteau.
8. Boulon avec écrous.
9. Serre-joints.
10. Petite équerre.
11. Grande équerre.
12. Fraise.
13. Compas.
14. Pointe à tracer.
15. Perceuse.
16. Tour d'horloger.
17. Outil à équilibrer.
18. Bloc à colonnes.

19. Découpage.
20. Porte-outil.
21. Porte-filières.
22. Pied aux profondeurs.
23. Pied à coulisse.
24. Pied à coulisse pour dents d'engrenages.
25. Trusquin à vis centrale.
26. Tour de précision.
27. Tour genre, Lorch chariot double lunette.
28. Baromètre enregistreur.
29. Balance extra-sensible.

École Nationale de Cluses

Horlogerie, Petite Mécanique, Électricité

30. Pendule électrique bobine galette.
31. Petit tour de précision d'un type créé à l'Ecole.
32. Estampe pour découpage de pièces d'horlogerie.
33. Remontoir ancre pour démonstration.
34. Modèle ancre pour démonstration.
35. Phase de la fabrication d'un cylindre de montre.

Ville de Paris

École d'Horlogerie et Mécanique de précision de Paris

30, rue Manin, Paris

Section Horlogerie :

36. Tableau : études de lime et tour appliquées à l'exécution de l'outillage des élèves.

37. Ebauche montre remontoir de 55 m/m.
38. -- -- -- rouages de 55 m/m.
39. -- -- -- de 41 m/m.
40. -- -- -- 27 m/m.
41. Etudes de sertissage de pierres.
42. Différents calibres de montres avec échappement à cylindre.
43. -- -- -- -- à ancre.
44. Remontoir ancre chronographe.
45. -- -- répétition heure, demi, quart.
46. Chronomètre de marine.
47. Electromètre Szilard à spiral cylindrique.
48. -- -- -- plat.
49. Micromètre au 1/100°.
50. Serrure de coffre-fort (miniature).
51. Remontoir ancre répétition, chronographe, démonté sur plateau.
52. Pendulette de voyage avec réveil, échappement ancre.
53. Régulateur de cheminée battant la demi-seconde.
54. -- -- seconde au centre.
55. Différents types de balanciers rectilignes.
56. Régulateur astronomique à seconde.
57. Divers roues et pignons de régulateur.

Section Mécanique :

58. Tableau des études de lime et tour appliquées.
59. Différents ajustements, outillage.
60. Equerre à combinaisons multiples.
61. Serre-joints.
62. Rapporteur d'angles.
63. Porte-outils de tour.
64. Tourne-à-gauche.

Ville de Besançon

École des Beaux-Arts

65. Cadres de travaux d'élèves de l'École.
66. Dessins et projets de boîtes de montres et de parures.
67. Travaux de ciselure et de gravure exécutés en matières définitives (cadrans, fonds de montres, chiffres, etc.).

Chambre syndicale de la Bijouterie de la Joaillerie et de l'Orfèvrerie de Paris

Cours de Dessin

Ateliers d'apprentissage et de perfectionnement

58, rue du Louvre, Paris

68. Dessins et travaux d'élèves.

SECTION RÉTROSPECTIVE D'HORLOGERIE

Organisée avec le concours de M. Edouard GÉLIS, horloger

....

COLLECTIONNEURS :

Allemagne (Henri d')

1. Montre or, entourage perles et émeraudes, fond émail rayures, mouvement signé Mollet, à Paris.
2. Petite horloge carrée, cuivre gravé et doré, mouvement sonnerie signé A. F. (France, fin XVI° siècle).
3. Horloge forme carrée, cuivre gravé et doré, monogramme et armoiries (Allemagne, commencement XVII° siècle).
4. Aiguille mystérieuse, cuivre doré, forme flèche (fin XVIII° siècle).

Ben Simon (Gaston)

5. Pendulette en cuivre émaillé bleu, ors posés, surmontant un coffret à compartiments (troisième quart XVIII° siècle).

Ben Simon (Maurice)

6. Montre or savonnette, gravée et émaillée en plein, d'un côté *Napoléon*, de l'autre côté *Femme couchée* (époque 1840).

Bloch (M. et Mme Émile)

7. Montre forme tambour, cuivre uni doré, poinçon allemand (XVI° siècle).

8. Montre forme tambour, cuivre ciselé, repercé et doré (Allemagne, XVI° siècle).

9. Montre ronde, cuivre ciselé, repercé et doré (Allemagne, XVI° siècle).

10. Petite montre ronde, cuivre doré, décor godrons, fond sablé, mouvement de Jacob Wilbrandt, Leuwarden (deuxième moitié XVII° siècle).

11. Montre ronde, argent repoussé, personnage en buste sur le fond, mouvement de Arnold, Hambourg (deuxième moitié XVII° siècle).

12. Montre croix, cuivre doré et gravé, cristal, mouvement de J. Sermand, Genève (premier quart XVII° siècle).

13. Petite montre ronde, argent recouvert de cuir noir clouté d'argent, mouvement de Baltazar Martinot, Paris (dernier quart XVII° siècle).

14. Montre ronde, argent, décor de fleurs, mouvement astronomique de Henry Arlaud (troisième quart XVII° siècle).

15. Grande montre ronde, or émaillé en plein, avec couvercle de même, décoré de motifs de joaillerie, mouvement de C. Raillard, Paris, sujets tirés du roman de *Théagène et Chariclée* (troisième quart XVII° siècle).

16. Grande montre ronde, or émaillé en plein, mouvement de Jehan Augier, Paris, sujet : *La Sainte Famille* (troisième quart XVII° siècle).

17. Montre ronde, or émaillé en plein, mouvement de J. Jolly, Paris, sujet de bataille (deuxième quart XVII° siècle).

18. Montre ronde, or émaillé en plein, mouvement de Henry Arlaud, sujet : *Vénus et Adonis*, d'après le Titien (deuxième quart XVII° siècle).

19. Montre fond et lunette cristal taillé, armature or, mouvement de Jacques Broche, Berlin (troisième quart XVIII° siècle).   .

20. Montre or repoussé et repercé, mouvement de Madiot, London, sujet : *Adoration des Mages* (deuxième quart XVIII° siècle)

21. Montre forme triangulaire, décor ors de couleurs, mouvement de Baillon, Paris, cadran émaillé décor floral (troisième quart XVIII° siècle).

22. Montre argent, décoré d'ors de couleurs, mouvement de J. Bushman, London (troisième quart XVIII° siècle).

23. Montre armature or, fond et lunette émail, mouvement de Julien Le Roy, Paris, sujets pastoraux (milieu XVIII° siècle).

24. Montre armature or, mouvement de Durade-Arlaud, Paris, sujet pastoral (milieu XVIII° siècle).

25. Montre armature or, fond et lunette porcelaine, mouvement de B. Herr, à Furth (milieu XVIII° siècle).

26. Montre-bague forme ronde, mouvement sans nom (troisième quart XVIII° siècle).

27. Montre-bague forme rectangulaire, entourage perles, balancier visible, mouvement sans nom (dernier quart XVIII° siècle).

28. Montre octogone or, décor émaux de Genève, mouvement de Bréguet (fin XVIII° siècle).

29. Montre or uni, mouvement sans nom, sur la cuvette sujet peint en émail *La Leçon de Musique* (fin XVIII° siècle).

30. Montre or, décor émaux de Genève, entourages perles, mouvement sans nom (fin XVIII° siècle).

31. Montre or, émaux de Genève, *Personnages et paysage*, appliques joaillerie, mouvement de Philippe Terrot (fin XVIII° siècle).

32. Montre or, décor émaux de Genève, fond bleu, centre grisaille, mouvement signé Augustin Moré (fin XVIII° siècle).

33. Montre carrée or, décor floral gravé et émaillé, signée F. Alibert, rue J.-J.-Rousseau, n° 10 (époque 1840).

34. Montre ronde or, décor floral émaillé en noir, mouvement sans nom, à guichet (époque 1830).

35. Montre de carrosse, argent repoussé et repercé, mouvement à carillon et sonnerie de A. S. Ling, London (deuxième quart XVIII° siècle).

36. Montre de carosse, argent gravé et repercé, décor floral, mouvement sans nom (troisième quart XVIII° siècle).

37. Grande montre, or repercé, fond émail vert, mouvement sonnerie signée Daniel de Saint-Leu, London, dans son étui en or repoussé avec appliques agate rubannée. Grand étui cuir clouté et appliques or repoussé (deuxième quart XVIII° siècle).

38. Horloge de table hexagonale cuivre gravé et doré, appliques argent, mouvement signé Christianus Caroll, Kœnisberg (deuxième moitié XVII° siècle, Allemagne).

39. Petite horloge cuivre gravé et doré, surmontée du *Christ à la Colonne*, mouvement à sonnerie sans nom (troisième quart XVII° siècle, Allemagne).

40. Horloge en forme de temple, ébène et argent doré, incrustations de pierres dures, deux mouvements, tout fer (fin XVI° siècle).

41. Horloge cuivre doré, sujet femme assise indiquant l'heure sur une sphère tournante, mouvement à sonnerie d'heures, socle bois noir mouluré, appliques d'argent (troisième quart XVII° siècle, Allemagne).

Blot-Garnier

42. Montre ronde, cuivre repercé et doré, mouvement fer et cuivre, sonnerie (fin XVI° siècle, Allemagne).

43. Montre ovale, cuivre et argent repercé et doré, mouvement fer et cuivre à sonnerie (fin XVI° siècle, Allemagne).

44. Montre ovale, cuivre doré, couvercles gravés, *Scènes de la Passion*, mouvement sans nom (fin XVI° siècle, France).

45. Montre forme livre, cuivre gravé et doré, mouvement signé Oswald Durant (deuxième quart XVII° siècle, Angleterre).

46. Montre ovale, armatures cuivre doré, les deux couvercles et la frise en verre églomisé, cadran cuivre gravé, mouvement signé C. Garandeau, Paris (commencement XVIIe siècle).

47. Montre ovale, cuivre repercé et doré, couvercle et fond argent gravé, cadran cuivre gravé et doré, mouvement sonnerie signé To. Willow, in Fleetstreet (premier quart XVIIe siècle, Angleterre).

48. Montre forme octogonale, argent gravé et doré, *Scènes de la Passion*, cadran argent gravé, mouvement signé J. Barberet, Paris (premier quart XVIIe siècle).

49. Montre forme croix, armatures cuivre doré, fond et couvercle cristal, cadran appliques argent, mouvement signé Pierre Portier, Hanovre (premier quart XVIIe siècle).

50. Montre forme cœur, armatures cuivre doré, couvercles et pourtour cristal, cadran cuivre gravé et argent émaillé, mouvement signé Paulus Bengg Zugg (deuxième quart XVIIe s.).

51. Montre forme coquille, cuivre ciselé et doré, frise argent ciselé, couvercles cristal taillé, cadran cuivre gravé et argent, mouvement signé Pierre Cuper, Bloys (premier quart XVIIe siècle).

52. Petite montre ovale, boîte or émaillé sur le couvercle et fond intaille, cadran or émaillé, mouvement signé T. Ribar, Bloys (premier quart XVIIe siècle).

53. Montre forme ovale lobée, armatures cuivre doré, fond et couvercle cristal taillé, cadran cuivre et argent gravé, mouvement signé J. Rousseau (deuxième quart XVIIe siècle).

54. Montre ovale, armatures cuivre doré, couvercle du fond argent gravé, sujet *Narcisse à la Fontaine*, couvercle cristal, cadran cuivre gravé, mouvement signé Pasquier Peiras, à Bloys (premier quart XVIIe siècle).

55. Petite montre ovale argent uni, couvercle cristal, mouvement signé Robert Grinkin in Fleetstreet (milieu XVIIe siècle, Angleterre).

56. Montre forme tête de mort, argent uni, mouvement signé Johann Lendl (milieu XVIIe siècle, Allemagne).

57. Montre de carrosse cuivre repercé et doré, dessin floral, cadran cuivre gravé et argent, mouvement signé J. Grégoire, Blois. En étui cuir, petits fers, avec clef (deuxième quart XVIIe siècle).

58. Petite montre or uni, cadran émail sur or, mouvement signé Louis Baronneau, Paris. Étui filigrane or (deuxième quart XVIIe siècle).

59. Petite montre argent gravé et niellé, couvercle cristal taillé, cadran argent, mouvement signé Johann Creitt Mayr (deuxième quart XVIIe siècle, Allemagne).

60. Montre argent entièrement repercé, décor oiseaux, fleurs et feuillages, cadran argent gravé, mouvement à sonnerie signé Louis Baronneau, Paris (troisième quart XVIIe siècle).

61. Petite montre or émaillé vert, centre et fond portrait de guerrier, émail de couleur, cadran or émaillé, mouvement signé Bergier, Paris (premier quart XVIIe siècle).

62. Petite montre émail sur cuivre, décor floral, mouvement signé F. Berger, Paris (troisième quart XVIIe siècle).

63. Petite montre or émaillé en plein, sujet de fond : *Le Jugement de Pâris*, sujet de couvercle : *Le Triomphe de la Justice* (?), boîte signée Huaud le puisné, cadran émail sur or, centre peint, sujet : *Cléopâtre et l'Aspic*, mouvement signé Marc Prévost (troisième quart XVIIe siècle).

64. Petite montre or émaillé en plein, sujet de fond : *Cléopâtre et l'Aspic*, lunette or à verre, boîte signée Huaud le puisné, cadran or émaillé, centre peint, sujet : *Lucrèce*, mouvement sans nom (troisième quart XVIIe siècle).

65. Montre or repoussé, calotte intérieure agate rubannée, mouvement signé Thos Broome, London (troisième quart XVIIIe siècle).

66. Montre or gravé, fond semé de fleurs et feuillages émaillé en plein, mouvement sans nom (troisième quart XVIIIe siècle).

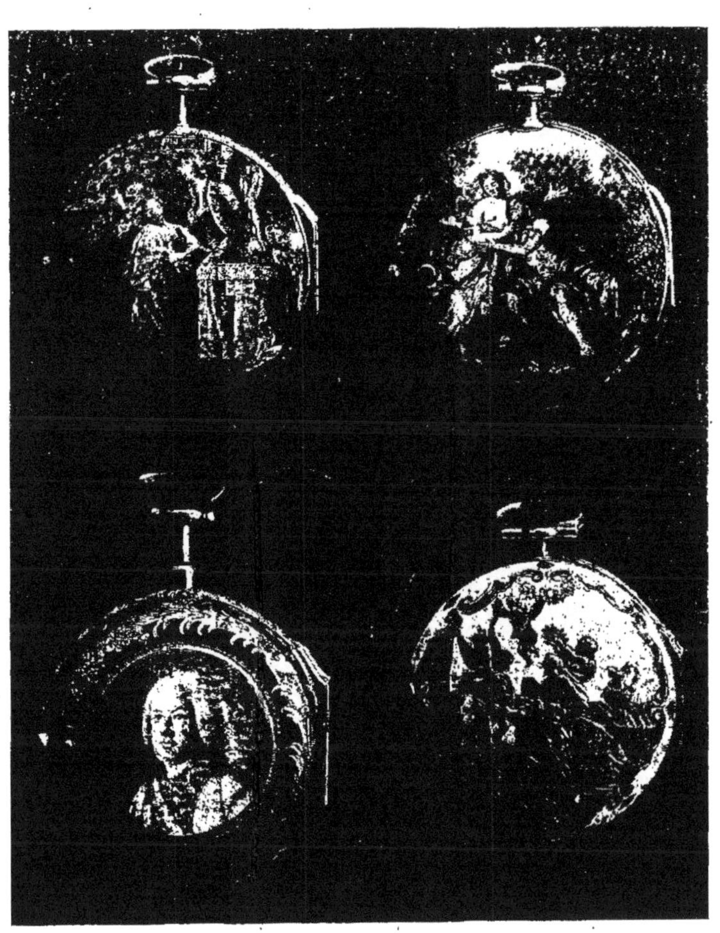

MONTRES ÉMAILLÉES DU XVIIIᵉ SIÈCLE
Collections Bernard Franck, Gélis et Olivier

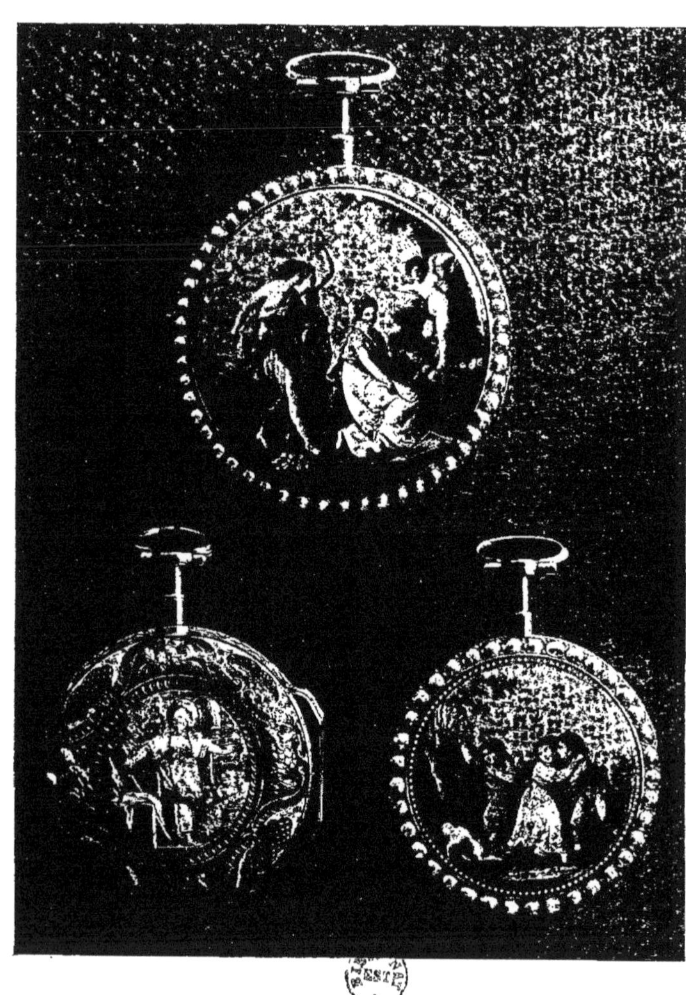

MONTRES EMAILLÉES DU XVIIIe SIÈCLE
Collection Blot-Garnier et Olivier

67. Montre or uni, mouvement signé Dubreuil, Beaugency, étui or repoussé, fond émaillé en plein, camaïeu, châtelaine or repoussé émaillé en plein en camaïeu (troisième quart XVIII° siècle).

68. Montre armatures or, fond et lunette acier avec appliques d'ors de couleur, mouvement signé T.-C. Pfenninger, Zurich, avec châtelaine acier, appliques ors de couleur (troisième quart XVIII° siècle).

69. Petite montre or gravé, fond émaillé en plein, sujet femme et enfants, mouvement sans nom (troisième quart XVIII° siècle).

70. Montre armatures or fond et lunette émaillées, centre grisaille, sujet *Le Colin-Maillard*, mouvement signé Pierre Milhau, Paris (troisième quart XVIII° siècle).

71. Montre or, fond émaux de couleur translucide, corde émail et perles, mouvement signé Julien Le Roy, Paris (troisième quart XVIII° siècle).

72. Montre or émaillé, fond corbeille et fleurs en émail peint et perles, mouvement sonnerie signé Julien Le Roy, Paris (troisième quart XVIII° siècle).

73. Montre or, entourage perles, fond émail bleu, centre perle, cadran peint automates, balancier visible, mouvement sans nom (dernier quart XVIII° siècle).

74. Horloge de table " mystérieuse " en cuivre gravé et doré, appliques en relief cuivre ciselé et doré, mouvement signé J. Thiefs, en étui cuir, petits fers (troisième quart XVII° siècle).

75. Horloge forme tambour cuivre gravé et doré, cadran gravé, sujet : *Daphné poursuivie par Apollon*, d'après Jean Delaulne, gravure du pourtour scène de chasse, mouvement et cadran signés P. Cuper, Blois (premier quart XVII° siècle).

76. Petite horloge carrée forme monument, dôme avec fenêtres, mouvement tout fer, sans nom (premier quart XVII° siècle).

Bréguet (Maison)

77. Régulateur à poids, seconde indépendante (1882).
78. Pendule de voyage à almanach, échappement naturel (1830).
79.   --   --   portique argent (1894).
80. Montre de carrosse répétition et grande sonnerie (1810).
81. Chronomètre de marine (1834).
82.   --   --   (1835).
83. Montre d'or à tact (d'aveugle) (1814).
84.   --   d'argent à tact (d'aveugle) (1806).
85.   --   d'or à répétition (1814).
86.   --   --   --   (1821).
87. Simple or à 1 aiguille, médaillon à 1 aiguille (1820).
88.   --   à détente ressort, partie de l'ouvrage L. Breguet (1847).
89. Souscription d'or (an IX).
90.   --   d'argent (1824).
91. Petite pendule à quarts (an XIII).
91 bis. Livres-journal de la Maison Bréguet, depuis 1794. -- Registres des réparations depuis 1791.

Bruneau (A.)

92. Tableau avec horloge et carillon.

Cherrier (Mme)

93. Montre de carrosse argent repoussé repercé, sujet du fond : *La Mort d'Adonis*, mouvement sonnerie signé Cabrier, London. En étui galuchat, appliques d'argent (deuxième quart XVIIIe siècle).

Damiguet (G.)

94. Tableau avec horloge et carillon, vers 1850.

Founès

95. Montre or uni, mouvement de Grignon and Son, London. En étui or émaillé bleu, centre sujet grisaille. Châtelaine or, même décor (troisième quart XVIIIe siècle).

96. Montre ronde, or émaillé en plein. Sujet du fond : *Lucrèce*. Pourtour médaillons, paysages. Boîte probablement de Huaud, mouvement signé Roumieu, Rouen.

97. Grande montre or, fond émail bleu entourages et appliques de perles et roses, mouvement signé William Anthony, London, avec clef (dernier quart XVIIIe siècle).

98. Montre or, fond émail de Genève. Sujet : *Femme et Enfants* sur un char décoré en joaillerie, traîné par deux cygnes, mouvement de Ph^e Terrot (Genève, fin XVIIIe siècle).

99. Montre-bague forme navette, or, entourage perles (dernier quart XVIIIe siècle).

100. Pendule en marbre blanc et bronze doré ciselé, sujet nymphe liseuse s'inspirant du chant d'un oiseau, par Duplessis, mouvement signé Lepaute, horloger du Roy à Paris (époque XVIIIe siècle).

101. Pendule murale et son socle en écaille verte avec incrustations de bronze doré, travail Boule, motifs et rocailles en bronze doré (époque Louis XV).

102. Pendule en bronze doré, dite : *Aux Dauphins*, signée Saint-Germain, socle en laque rouge et noir, mouvement signé Gudin, Paris (époque Louis XV).

103. Pendule sculpturale en marbre blanc, sujet : *Homme debout s'appuyant sur une lyre*, d'après l'antique, par Julien, mouvement signé Robert et Courvoisier (époque Louis XVI).

104. Cartel avec socle en bronze doré et ciselé, par Caffieri (époque XVIIIe siècle).

105. Horloge de table rectangulaire en bronze doré, sur ses faces des figurines en relief sur fond gravé et ajouré, Magister Mavricius Bekaemb in Vienus, *fecit* 1559 (XVIe siècle, Autriche).

106. Horloge de table ronde en bronze doré à cadran horizontal à 2 personnages en relief, au pourtour frise de personnages à sujet, d'après l'antique, signé G. S., avec un poinçon de tête d'homme coiffé d'un bonnet (XVIe siècle, Allemagne).

107. Deux tableaux mécaniques à plusieurs personnages automates. Travail de Funck, à Berne, 1783. Signés et datés.

108. Pendule dite *A la Vestale,* en bronze doré et ciselé, sur socle en marbre blanc enrichi de frises et motifs en bronze doré, mouvement signé Henry Voisin (époque Louis XVI).

109. Pendule ajourée à rocailles en bronze doré et ciselé, modèle de Saint-Germain, mouvement signé Etienne Lenoir, à Paris (époque Louis XV).

Franck (Bernard)

110. Montre de carosse, argent repoussé et repercé, mouvement sonnerie signé Recordon, London (dernier quart XVIIIe siècle).

111. Petite montre or uni, mouvement signé Ja. Rousseau, London. Etui or repoussé. Sujet du fond : *Diane.* Avec châtelaine or ciselé, décor personnages. (troisième quart XVIIIe siècle).

112. Montre armatures or, fond et lunette agate, appliques de joaillerie, mouvement signé Adied Hilckert, Postdam. Avec châtelaine or, agate et appliques joaillerie (troisième quart XVIIIe siècle).

113. Montre or repercé, mouvement à sonnerie signé Paulet, London. Etui or ciselé, repercé, appliques jaspe sanguin (troisième quart XVIIIe siècle).

114. Montre or repercé, mouvement sans nom, étui or repoussé, repercé, appliques agate herborisée (troisième quart XVIIIe siècle).

115. Boîte à mouches jaspe sanguin, recouverte or ciselé, repercé, sous le couvercle montre signée Robseller, London (deuxième quart XVIIIe siècle).

116. Montre or uni, mouvement signé Allen Walker. Etui or repoussé sujet personnages (troisième quart XVIIIe siècle).

117. Montre or uni, mouvement signé Wm Best, London. Etui or repoussé, sujet : *Cavaliers et Personnages* (troisième quart XVIIIe siècle).

118. Montre armatures or, fond et lunette émail sur cuivre, décor application d'or, sujet allégorique (troisième quart XVIIIe s.).

119. Montre or ciselé, repercé, émaillé en plein, sujet du fond : *Pastorale*, mouvement sonnerie sans nom (troisième quart XVIIIe siècle).

120. Montre or ciselé repercé, émaillée en plein, sujet du fond : *Scène d'après Teniers* (troisième quart XVIIIe siècle).

121. Montre or émaillé en plein, décor : *Fleurs et Feuillages*, sur fond guilloché à la main, mouvement signé Julien Le Roy, Paris (troisième quart XVIIIe siècle).

122. Montre or, décors ors de couleur : *Fleurs et Feuillages*, mouvement sonnerie signé P[re] Michau, Paris (troisième quart XVIIIe siècle).

123. Montre or, décorée sur les deux faces de *portraits vernis Martin*. A l'intérieur, armoiries, mouvement sonnerie signé Pierre Le Roy, Paris (dernier quart XVIIIe siècle).

124. Petite montre or, sur le fond et à l'intérieur *portraits vernis Martin*, mouvement sans nom (dernier quart XVIIIe siècle).

125. Petite montre or, sur les deux faces *portraits vernis Martin*. A l'intérieur, armoiries, mouvement signé Coulin, Genève (dernier quart XVIIIe siècle).

126. Montre ors de couleur, fond émail bleu, appliques or *Allégorie* (dernier quart XVIIIe siècle).

127. Montre ors de couleur, fond émail sous fondant, sujet : *L'Offrande à l'Amour* (dernier quart du XVIIIe siècle).

128. Montre or émaillé en plein, décor : *Fleurs*, mouvement signé Markwick Markam Perigal, London. Deux étuis or émaillé en plein, décor : *Fleurs* (dernier quart XVIIIe siècle). Montre faite pour l'Orient.

129. Grande montre or émaillé en plein, fond rosace émaux de couleur translucides, cuvette or émaillé, mouvement signé Ilbery, London (commencement XIXe siècle).

130. Montre argent, fond émail bleu sur or, sujet grisaille, mouvement à masse, signé Humbert, Langres (fin XVIIIe siècle).

131. Montre plate, or gravé et émaillé en plein : *Amphitrite* (deuxième quart XIXe siècle).

132. Montre armature or, mouvement visible en forme d'urne, signé L. M. (commencement du XIXe siècle).

133. Montre-bague or uni, balancier visible, mouvement sans nom (commencement du XIXe siècle).

134. Petite montre plate, or gravé, mouvement sans nom (troisième quart XIXe siècle).

135. Très petite montre or, entourage perles, balancier visible (fin du XVIIIe siècle).

136. Montre or émaillé : *Scarabée posé sur une feuille*, les élytres se lèvent pour laisser voir le cadran (commencement du XIXe s.).

137. Montre forme *Poire*, or émaillé bleu, décor floral or et émail (commencement du XIXe siècle).

138. Montre or, forme *Lyre*, émaillée en plein (commencement du XIXe siècle).

139. Montre or, forme *Casque*, émaillée en plein (commencement du XIXe siècle).

140. Montre forme *Mandoline*, or, sujet gravé (commencement du XIXe siècle).
141. Montre forme *Harpe,* or émaillé, perles et joaillerie, mouvement à musique sans nom (commencement du XIXe siècle).
142. Montre forme *Coquille,* or émaillé en plein, perles (commencement du XIXe siècle).
143. Montre forme *Mandoline,* or émaillé en plein, mouvement sans nom (commencement du XIXe siècle).
144. Couteau de poche, appliques argent et ors de couleur. A l'intérieur, mouvement de montre à sonnerie au passage (commencement du XIXe siècle).
145. Longue-vue en or émaillé bleu et blanc, entourage perles. A l'un des bouts, une montre signée Frazer and C°, London.

Gauthier (Léon)

146. Pendule marqueterie d'écaille et cuivre, bronzes dorés. Sur socle de même. Mouvement de Joffroy, à Besançon (deuxième quart XVIIIe siècle).

Gélis (Édouard)

147. Montre ronde argent lobé repercé, décor de fleurs, mouvement réveil de Grégoire, à Blois (premier quart XVIIe siècle).
148. Montre forme octogone cuivre doré, couvercle et frise argent gravé. Sujets : *Le Barbier* et *Le Chirurgien*, avec leurs attributs et fleurs en rinceaux mouvement de Pirette, à Beaune (commencement XVIIe siècle).
149. Montre forme croix, armatures cuivre gravé, boîte et couvercle cristal, cadran cuivre gravé et doré, *Christ et Fleurs,* mouvement de C. Bobinet (France, commencement XVIIe siècle).

150. Petite montre argent à lobes et palmettes gravés, cadran argent gravé à fleurs, mouvement signé Pierre Vernède, à Agen. En étui cuir clouté d'argent, monogramme couronné (deuxième quart XVII° siècle).

151. Montre ovale cuivre uni, couvercle à verre, mouvement signé P. Cuper (Blois, premier quart XVII° siècle).

152. Horloge de table ronde cuivre, gravée au pourtour de médaillons d'après Etienne Delaulne. Dôme repercé, scènes de chasse d'après le même mouvement à sonnerie d'heures et réveil signé Simon Gribelin, à Blois. Etui en maroquin et clef (commencement du XVII° siècle).

153. Montre de carrosse cuivre gravé et doré, frise repercée, décor de fleurs et feuillages en rinceaux, fond sablé. Cadran gravé fleurs et feuillages, mouvement réveil de Jehan Grégoire, à Blois (deuxième quart XVII° siècle).

154. Montre ovale cuivre doré, couvercle et frise argent. Sur la frise, tableau des levers et couchers de soleil pour la latitude de Blois, mouvement astronomique signé C. Piron (Blois, commencement XVII° siècle).

155. Petite horloge de table forme ovale, cuivre gravé et doré, mouvement cuivre et fer sans nom (France, fin XVI° siècle).

156. Montre argent, fond avec portrait de Lepelletier de Saint-Fargeau et légende, mouvement décimal et duodécimal sans nom (Epoque révolutionnaire).

157. Montre or, fond avec calendrier perpétuel à la main, mouvement de Hœntschel, à Strasbourg (troisième quart du XVIII° s.).

158. Petite horloge de table plate à six pans, cuivre gravé, mouvement à sonnerie signé Ferdinand Miller. Etui cuir noir (Allemagne, commencement XVIII° siècle).

159. Montre ronde cuivre mi-doré, cadran or émaillé, mouvement de Salomon Coster, à Harlem, étui cuir clouté d'argent, monogramme couronné (Hollande, troisième quart XVII° s.).

160. Petite horloge forme tambour, cuivre gravé et doré, mouvement fer et cuivre (fin XVIe siècle, France).

161. Montre argent uni, cadran argent, heures en ellipse, aiguille s'allongeant, mouvement signé B. Van der Clœsen, Haghe, étui cuir (deuxième quart XVIIIe siècle).

162. Montre argent uni, cadran cuivre et argent à quantièmes, mouvement signé Samuel Betts, Londini, étui argent uni (milieu XVIIe siècle, Angleterre).

163. Montre argent uni, cadran argent, les heures marquées en rond, les minutes en ovale, l'aiguille des minutes s'allongeant, mouvement signé Henricus Jones, London, bel étui argent, cuir clouté d'argent (quatrième quart XVIIe siècle, Angleterre).

164. Petite montre or uni, cadre émail sur or, mouvement signé Martinot, aux Galleries du Louvre, étui en filigrane d'or (milieu XVIIe siècle).

165. Montre ronde argent, frise gravée, repercée, fleurs et feuillages en rinceaux, cadran argent et cuivre décoré de fleurs, mouvement à réveil de R. Barberet, à Saint-Flour (deuxième quart XVIIe siècle).

166. Montre argent uni, cadran cuivre gravé et doré, mouvement astronomique signé Ben-(jamin) Wolverstone, Poultry (deuxième quart XVIIe siècle, Londres).

167. Montre plate or gravé et émaillé, *Fillette et Chien*, balancier visible, signée Dœhner, Genève (deuxième quart XIXe siècle).

168. Montre armatures or, fond et lunette émail peint, sujet de fond *Jupiter et Junon*, mouvement de Julien Le Roy, Paris (deuxième quart XVIIIe siècle).

169. Horloge de table cuivre doré, *Enfant assis indiquant l'heure sur une sphère*, sur socle cuivre ciselé et repercé, mouvement à sonnerie d'heures (premier quart XVIIe siècle, Allemagne).

170. Montre or, fond émail bleu de roi, entourages perles, mouvement de C.-L. Lépine (1780 environ, Paris).

171. Montre or émaillée en plein, sujet : *Didon et Enée;* autour et sur la lunette, fleurettes en émail, mouvement signé James Tregent, London. Châtelaine or émaillé en plein : *La Mort d'Adonis*(?).

172. Montre armatures or, fond et lunette émail peint, sujet : *Jeune femme au bain,* d'après Boucher (milieu XVIIIe siècle).

173. Montre or, verre des deux côtés, mouvement squelette en forme de vase (commencement XIXe siècle).

174. Montre argent plate, appliques or ciselé, sujets de chasse, mouvement signé Linzeler, boulevard de la Madeleine, n° 15 (troisième quart XIXe siècle).

175. Montre or émaillé en plein, sujet : *La Collation,* mouvement de Gibert, Paris (troisième quart XVIIIe siècle).

176. Horloge de table forme carrée, cuivre gravé et doré, sujets d'après Et. Delaulne, mouvement sans nom (fin XVIe siècle, France).

177. Petite horloge de table forme tambour, cuivre gravé et doré, mouvement tout fer, sans nom, surmontée d'une boîte de même genre, comportant le mouvement du réveil avec timbre par dessus (fin XVIe siècle, France).

178. Montre forme cassolette or, entièrement émaillée, mouvement signé Piot et Planchaud, Genève (commencement XIXe s.).

179. Montre armatures or, fond et lunette émail, sujet : *La Toilette,* mouvement signé Marteau père, Rouen (milieu XVIIIe s.).

180. Montre argent ciselé, ouverture sur le fond laissant voir le coq du mouvement, émail, *Portrait de Femme en buste,* cadran cuivre, cartouches, mouvement signé S. Bastien Mestral (dernier quart XVIIIe siècle).

181. Montre or émaillé en plein, sujet de fond : *La Charité romaine,* médaillons paysages au pourtour, boîte signée : Les deux frères Huaut, peintres de Son A. E. de B., à Berlin, cadran or, centre peint, sujet : *Lucrèce,* mouvement signé Charles Helot, Amsterdam (environ 1690).

182. Très petite montre argent gravé, mouvement signé Chavannes le jeune (milieu XVIIe siècle, France).

183. Montre argent uni, cadran argent centre repercé, mouvement réveil signé Améd. Marchand, étui argent ciselé et repercé (premier quart XVIIIe siècle).

184. Montre plate or gravé et émaillé, sujet : *Jeune Femme couchée,* mouvement de Robert Brandt et Cie (vers 1840, Genève).

185. Montre argent, décor de mosaïque et pierres de couleur, mouvement signé Mme Veyrat (environ 1810).

186. Montre cuivre doré, entourages jargons, mouvement visible avec grand balancier battant la seconde serti en jargons, sans nom (fin XVIIIe siècle, Suisse).

187. Montre armatures or, fond et lunette émail peint sur cuivre, sujet de fond : *Femme et raisins,* mouvement signé Pasteur, Paris (troisième quart XVIIIe siècle).

188. Très petite montre ors de couleur, fond émail, perles, mouvement sans nom (dernier quart XVIIIe siècle).

189. Calendrier forme montre or uni, de Robin, à Paris (dernier quart XVIIIe siècle).

190. Montre or argent uni, mouvement avec coq visible, *Femme et perroquet,* en émail, de Castel, à Bourg.

191. Montre plate or, décor filigrané, mouvement cylindre (troisième quart XIXe siècle).

192. Horloge de table forme hexagonale en hauteur, cuivre gravé et doré, mouvement fer incomplet (fin XVIe siècle, France).

193. Pendulette cuivre gravé et doré, mouvement sonnerie d'heures et réveil, signée Renard, Verdun (troisième quart XVIIIe s.).

194. Pendule porcelaine, monogramme de Jacob Petit, mouvement sonnerie d'heures signé L. Leroy et fils, Paris (époque 1840).

195. Régulateur de cheminée bronze doré, mouvement de F. Berthoud, à sonnerie d'heures, cadran de Coteau (époque 1783).

196. Pendule veilleuse bronze patiné et doré, sans nom (époq. 1840).

197. Régulateur boîte acajou, mouvement deux pendules, signé A. Janvier, à Paris.

198. Pendulette marqueterie de bois, cadran peint, émail de Battersea, mouvement anglais (dernier quart XVIIIe siècle).

199. Montre or, entourages perles, fond émaillé personnages, mouvement sonnerie et musique de Piguet et Meylan, à Genève (vers 1820).

Glinel

200. Pendule époque Louis XVI, marbre et bronze doré : *L'Amour désarmé,* mouvement sonnerie, phases de lune et quantièmes, sans nom.

201. Pendule époque Louis XVI, marbre et bronze doré, forme *Lyre,* mouvement sonnerie et quantièmes.

202. Pendule époque Louis XVI, marbre et bronze doré, avec deux personnages assis et surmontés d'un aigle, mouvement sonnerie d'heures, quantièmes, cadran signé Drouot, à Paris.

203. Montre or, décor godrons, émaux de couleur, mouvement répétition signé Dutertre, à Paris (troisième quart XVIII^c siècle).

Halle (Mme)

204. Montre or émaillée en plein, sujet de fond : *Les Laveuses,* en grisaille sur fond rouge, mouvement signé Baillon, Paris (troisième quart XVIII^c siècle).

205. Montre or émaillée en plein, sujet de fond : *Scène de Cabaret,* genre Téniers, mouvement signé Julien Leroy, à Paris (deuxième quart XVIII^c siècle).

206. Grande montre or gravé repercé, cadran or, mouvement sonnerie, signé Clarke, Dunster. Double boîte or ciselé repercé. Sujet de fond : *Mariage antique.* En étui cuir clouté (deuxième quart XVIIIe siècle).

207. Petite montre or repercé, décor de fleurs et feuillages sur fond uni, cadran or émaillé, mouvement signé Zacharie Martinot, à Paris (milieu XVIIe siècle).

Hatot

208. Très petite montre ovale, armatures or émaillé, fond et couvercle cristal, cadran or émaillé, mouvement signé Andréas Nagl in Wienn (deuxième quart XVIIe siècle).

209. Petite montre ovale, armatures cuivre doré, cadran cuivre gravé décor floral, mouvement signé Cornélius Roussel, Hage (deuxième quart XVIIe siècle).

210. Montre or, entourages perles, fond émail fleurs, mouvement signé Bovet, à Fleurier. Pour l'Orient (premier quart XIXe siècle).

Hodgkins

211. Régulateur de parquet, boîte marqueterie en bois des îles, bronzes dorés et ciselés, mouvement astronomique d'Antide Janvier, Paris (dernier quart XVIIIe siècle).

Houzeau

212. Montre-bague forme ronde or ciselé, décorée de joaillerie, mouvement sans nom (troisième quart XVIIIe siècle).

Leroy (Louis)

213. Montre argent décimale ayant appartenu à Saint-Just, signée sur le cadran A. de Élior, galerie de l'Égalité, n° 88, et sur la cuvette Leroy, Palais-Égalité, 88 (époque Révolution).
214. Montre d'argent de Motel (1835), échappement à détente, seconde dédoublante.
215. Mouvement de bague, cinq lignes (dernier quart XVIIIe siècle).
216. Mouvement de bague rectangulaire (dernier quart XVIIIe siècle).
217. Montre ciselée ors de couleur, signée sur la cuvette Leroy, Palais-Royal, n° 114 (deuxième quart XIXe siècle).

Level (André)

218. Pendule marbre et bronze doré, sujet : *Le Sommeil dangereux*, mouvement de Lépine à Paris (troisième quart XVIIIe s.).

Mobilier national

219. Pendule bronze doré et porcelaine peinte, par J.-B. Béranger (1838), sujet : *Anoximondre montre à Anaxémène la manière d'établir un gnomon.*
220. Pendule colonne tôle peinte et bronzes dorés, cadran tournant, mouvement sans nom (fin XVIIIe siècle).
221. Pendule bronze patiné, sujet : *La défense du Drapeau*, mouvement sans nom (époque 1830).
222. Pendule bois sculpté, par Laquis (milieu XIXe siècle).
223. Pendule pyramide, marbre et bronzes dorés, mouvement de Lepaute, Paris (troisième quart XVIIIe siècle).

M......l

224. Pendule maçonnique bronze doré, mouvement sonnerie d'heures, sans nom, à Paris (commencement XIXe siècle).

Musée des Arts décoratifs

à Paris

225. Pendule bronze doré et patiné dite « à la cathédrale » (époq. 1830).
226. Pendule à sujet troubadour, bronze patiné et doré, style gothique (époque 1830).
227. Petite pendule veilleuse, bronze patiné et doré, à fontaine tournante (époque 1830).
228. Encrier porte-montre avec calendrier et thermomètre, fontaine tournante, bronze patiné et doré (époque 1830).
229. Horloger bronze doré, cadran tournant, sujet : *Le Temps surmontant un Globe terrestre entouré d'Amours*, par Gustave Doré (exécuté pour Alice Ozy).

Musée de l'École d'Horlogerie
et de Mécanique de précision de Paris

230. Etabli ayant appartenu à Berthoud et quelques outils.
231. Régulateur de parquet, boîte acajou, mouvement décimal et duodécimal. Construit par Pierre-Louis Berthoud en 1793, présenté au concours ouvert par la Convention Nationale en 1794.
232. Pendule bronze doré à guichets, mouvement de Farcot, n° 1. Exposition 1889.
233. Pendule sur socle acajou moucheté, mouvement échappement spécial, avec inscription : Inventé et exécuté par Henri Pons en l'an XII.

Musée néerlandais

à Amsterdam

234. Montre de mariage de Guillaume II d'Orange et de Marie d'Angleterre (1641), entièrement décorée sur émail de sujets allégoriques, signée deux fois *Henri Toutin,* mouvement d'*Antoine Mazurier, Paris.*

Musées royaux du Cinquantenaire de Bruxelles

235. Petite montre argent forme tulipe, trois pétales ouvrant, cadran cuivre et argent gravé, mouvement signé Hugues Combret, Lyon (premier quart XVIIe siècle).

236. Montre émaillée en plein sur cuivre. Sur le fond, portrait de l'électeur de Brandebourg (?) Au pourtour, paysages dans des médaillons. Boîte signée les frères Huault. Couvercle avec émail rapporté, sujet : *la Charité Romaine,* mouvement signé Johann Heckel (premier quart XVIIIe siècle).

237. Montre émaillée en plein sur cuivre. Sujet du fond : *Loth et ses filles.* Pourtour paysages dans des médaillons (commencement XVIIIe siècle), mouvement postérieur.

238. Montre or émaillée en plein. Sujet du fond : *la Sainte Famille.* Au pourtour paysages dans des médaillons. Boîte signée : les frères Huault (troisième quart XVIIe siècle), mouvement postérieur.

239. Montre or émaillé en plein, décor panier de fleurs en couleur, mouvement signé Baptiste Baillon, Paris (troisième quart XVIIIe siècle).

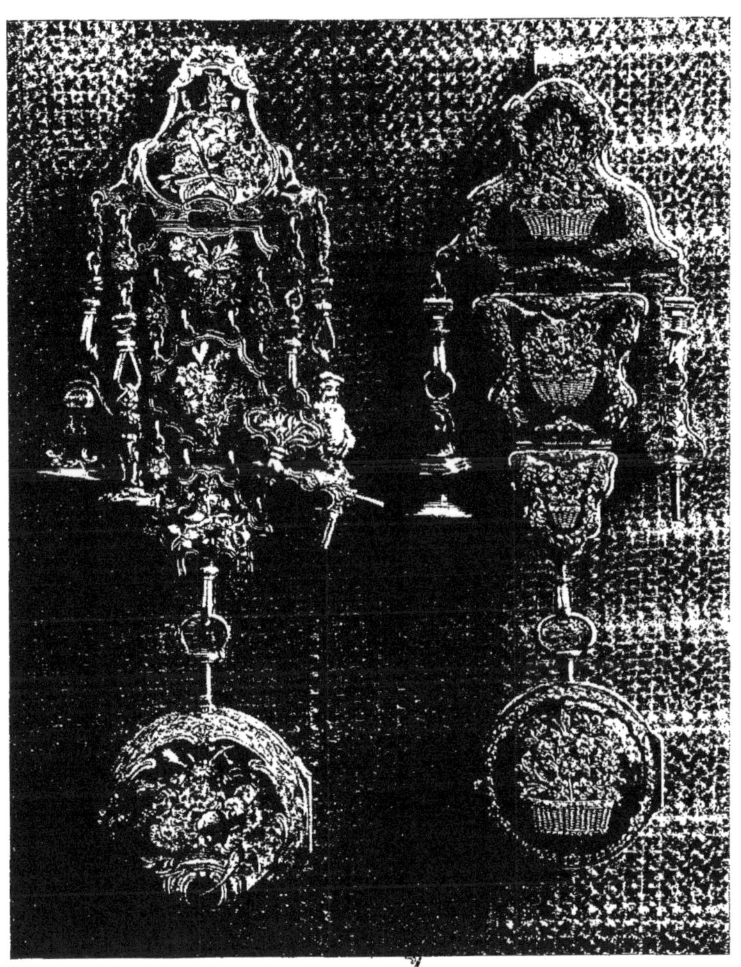

MONTRES ET CHATELAINES DU XVIIIᵉ SIÈCLE
Collections Bernard Franck et Olivier

VIII

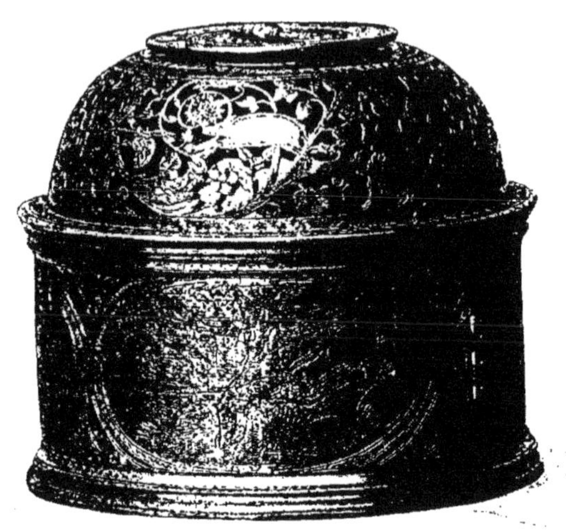

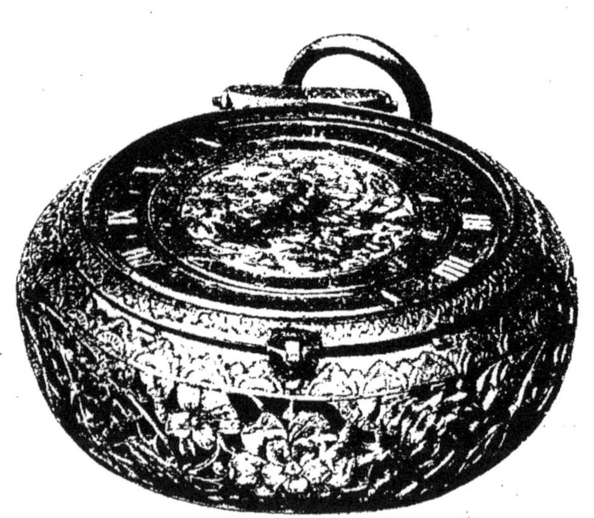

HORLOGE DE TABLE ET MONTRE DE CARROSSE DÉBUT DU XVIIᵉ SIÈCLE
Collection E. Gélis

240. Grande montre or forme poire aplatie, décor d'émaux de couleur translucides, fond sujet femmes et enfants portant des fleurs, cuvette or émaillé, mouvement émaillé, serrages en or, signé Ilbery London (commencement XIXe siècle). Pour le marché d'Orient.

Olivier

241. Montre de carosse argent repercé et gravé, décor *Fleurs et feuillages en rinceaux*, mouvement sonnerie signé Salomon Chesnon, à Blois. En étui cuir clouté argent (deuxième quart XVIIe siècle).

242. Montre or repoussé, repercé, sujet : *Apollon jouant de la lyre*, mouvement répétition et carillon signé Archambo, London, avec châtelaine or repoussé et ciselé (deuxième quart XVIIIe siècle).

243. Montre or uni, étui or, décor ors de couleur et émail, appliques jargon, mouvement signé Michel Vieux, avec châtelaine or, médaillon émail (troisième quart XVIIIe siècle).

244. Montre or repoussé, calotte intérieure jaspe vert, mouvement signé F. Vigne, London, avec châtelaine or et jaspe vert (deuxième quart XVIIIe siècle).

245. Montre or repercé, mouvement de William Allam, London. Etui or repercé, émaillé en plein, sujet : *Fleurs*. Châtelaine or émaillé en plein, sujet : *Fleurs* (deuxième quart XVIIIe siècle).

246. Petite montre or, mouvement sonnerie répétition, signé Renverne, London. Etui or repoussé, fond personnages. Châtelaine or ciselé (deuxième quart XVIIIe siècle).

247. Petite montre or, fond émail décoré de perles, avec châtelaine or émaillé perles (commencement XIXe siècle).

248. Grande montre or émaillé en plein, sujet : *La Vierge et l'Enfant*, pourtour paysages, cadran or émail peint, sujet : *Diane* (deuxième quart XVIIIe siècle).

249. Petite montre or émaillé en plein, sujet du fond : *Vénus et Adonis*, pourtour médaillons : *Paysages*. Boîte signée Huaud, cadran or, centre émail peint (troisième quart XVIIIe siècle).

250. Petite montre or émaillé en plein, sujet de fond mythologique, pourtour médaillons *Paysages*, boîte signée Huaud le puisné, (troisième quart XVIIe siècle).

251. Petite montre or, émaillée en plein, sujet du fond : *Combats antiques*, médaillons *Personnages*, mouvement signé Abraham Caillatte.

252. Petite montre or émaillé en plein, sujet du fond : *Portrait de Femme*, entouré de quatre médaillons *Paysages* camaïeu et reliés par des motifs décoratifs en relief. A l'intérieur *Portrait de guerrier*. Boîte signée Huaud le puisné. Cadran or émaillé, centre fleurettes, mouvement signé Christianus (troisième quart XVIIe siècle).

253. Petite montre or, décor *Oiseaux et feuillages* en rinceaux et émail vert translucide, cadran or centre *fleurs*, mouvement signé Sarrabat, à Paris (milieu XVIIe siècle).

254. Montre or émaillé en plein, fond entourage fleurs et feuillages de couleur, émaux translucides jaunes sur fond guilloché à la main. Lunette or décorée de même, cadran or, centre émaillé, fleurs peintes et jaunes translucides, mouvement signé Anthoine Dagoneau, à Grenoble (milieu XVIIe siècle). En étui or filigrané.

255. Montre forme croix, armature cuivre doré, couvercle et fond cristal taillé. Cadran cuivre et argent, décor de fleurs, mouvement sans nom (premier quart XVIIIe siècle).

256. Montre forme carrée, boîte or gravé, repercé, ciselé, cadran or émaillé, décor fleurettes, mouvement signé Baltazar Martinot (premier quart XVIIe siècle).

257. Montre argent forme tulipe, trois pétales ouvrant, cadran cuivre argent, mouvement signé Daniel Habrecht (premier quart XVIIe siècle).

258. Petite montre or émaillé en plein, au centre Mars, camaïeu bleu ; autour, émaux de couleur *Fleurs et feuillages*. Sur le pourtour, médaillons, personnages en buste émaillés, encadrements et décor guerriers, or gravé. Cadran or émaillé, sujet : *Amour tenant deux couronnes*, camaïeu bleu, mouvement signé Denis Champion, à Paris (milieu XVIIe siècle).

259. Petite montre or uni, cadran émaillé sur or, mouvement signé Louis Hourry, Paris et Saint-Germain. Etui cuir clouté d'or (troisième quart XVIIe siècle).

260. Montre argent repercé, décor *Fleurs et feuillages*, cadran cuivre et argent, mouvement sonnerie (Allemagne, troisième quart XVIIe siècle).

261. Montre cuivre doré, recouverte de cuir clouté d'or, cadran cuivre, cartouches émail, mouvement signé Gribelin, à Paris (dernier quart XVIIe siècle).

262. Montre argent ciselé, sujet de fond : *Vénus et l'Amour*, pourtour décor *Bérain*, cadran argent ciselé, mouvement signé Hyver, Angoulême.

263. Montre argent ciselé centre monogramme, pourtour décor Bérain, cadran cuivre doré, cartouches émail, mouvement sonnerie signé J^{ph} Dupressoir, Paris.

264. Montre or repercé, mouvement sonnerie signé John Champion, London. Etui or repoussé et repercé, appliques de joaillerie, pierres de couleur, agate et émail (deuxième quart XVIIIe s.).

265. Montre émaillée en plein sur cuivre. Sujet du fond : *Vénus et Adonis*. Au pourtour, médaillons *Paysages*. Cadran émail, centre *Paysage*. Coq avec portrait en buste émail, mouvement signé Jacques Gradelle (dernier quart XVIIe siècle).

266. Montre armature or, fond de lunette émail peint, sujet : *Mars et Vénus*, signé D Ch^{ki} *pinxit* (Daniel Chodowiecki), mouvement signé Günckel, Berlin (troisième quart XVIIIe siècle).

267. Montre armature or, fond et lunette émaillés en plein sur cuivre. Sujet du fond : *Paysage et personnages*, mouvement signé Le Roy, à Paris (troisième quart XVIIIe siècle).

268. Montre or ciselé émaillée noir. Au centre, médaillon émail en plein, portrait de l'empereur François-Joseph, mouvement sonnerie signé Jacques Videnmann, à Vienne (troisième quart XVIIIe siècle).

269. Montre armatures or, fond et lunette jaspe rouge gravé, mouvement signé J. Chancey, London (troisième quart XVIIIe siècle).

270. Montre or poli décoré fleurs et feuillages, émaux de couleur translucides, mouvement signé J. Baptiste Baillon, à Paris (troisième quart XVIIIe siècle).

271. Montre or gravé repercé, mouvement signé Ellicot, London. Etui or gravé repercé, émaux de couleur, fond grisaille, entourages brillants (troisième quart XVIIIe siècle).

272. Montre or ciselé, fond émail bleu, motifs appliques *Deux Amours*, or ciselé et armes royales, mouvement signé Charles Le Roy, à Paris (troisième quart XVIIIe siècle).

273. Petite montre or gravé, entourages jargons, fond à verre, mouvement squelette signé L'Épine, à Paris (dernier quart XVIIIe siècle).

274. Montre or, entourages perles, fond émail peint, sujet : *L'Amour puni*, d'après Angélica Kauffmann, mouvement sonnerie signé B^{le} Ch^s Le Roy, à Paris (dernier quart XVIIIe siècle).

275. Montre or, entourages perles, fond émail peint, sujet : *Enfants et paysage*, mouvement signé Yersin et Montandon, à Paris (dernier quart XVIIIe siècle).

276. Horloge de table hexagonale cuivre ciselé, gravé et doré, mouvement astronomique et sonnerie signés Paulus Horn, à Dantzig (dernier quart XVIIe siècle).

277. Petite montre ors de couleur, fond émail cerise *Portrait de Femme*, émail peint au centre, entourage roses, mouvement signé Lépine, horloger du Roy, à Paris (dernier quart XVIIIe siècle).

Plumont (Louis)

278. Pendule époque Louis XVI en bronze doré et marbre blanc surmontée d'un petit planétaire (Terre et Lune).

279. Pendule époque Restauration, en bronze vert et doré, reproduisant les mouvements du télégraphe de Chappe.

280. Régulateur époque Louis XV, cabinet signé Lieutaud, mouvement de Ferdinand Berthoud.

Seguin (Laurent)

281. Grande horloge de table hexagonale, boîte argent et cuivre gravé et doré, mouvement sonnerie (milieu XVIIe siècle, Allemagne).

Sellières (baron)

282. Pendulette colonnes, décor passementerie.

Sèvres (Manufacture Nationale de porcelaine de)

283. Pendule *Colonne aux enfants*, biscuit (troisième quart XVIIIe siècle).
284. Pendule *La Nuit*, biscuit (troisième quart XVIIIe siècle).
285. Pendule *l'Etude*, biscuit (troisième quart XVIIIe siècle).
286. Pendule, par Percier, biscuit (1805).

S.....r (Gaston)

287. Montre or, entourages perles fond et couvercle, émail gris bleu sur guilloché, mouvement signé Leduc, à Paris (premier quart XIXe siècle).
288. Pendule bronze et marbre noir, signé Thomire et Cie, à Paris (milieu XIXe siècle).

Ungerer (J. et A.)

289. Régulateur de parquet boîte acajou, par J.-B. Schwilgué, vers 1815.
290. Meuble acajou servant à montrer les dessins de l'horloge de la cathédrale de Strasbourg, construit d'après les dessins de Schwilgué en 1845.
291. Pendulette de voyage construite par Schwilgué.
292.   --   contrôle stationnaire,   --
293. Marqueur portatif à clef pour 6 postes différents, par Schwilgué.
294. Horloge enregistreuse avec compteur,   --
295. Machine à additionner,   --
296.   --   --   démontée,   --
297. Instrument à établir les méridiennes,   --
298. Machine à tailler les pignons.

299. Machines à tailler les fusées.
300.   --   --   roues.
301.   °   --   arrondir.
302. Chronographe à seconde au centre, construit par Schwilgué.
303. Montre de poche à dispositif de remise à l'heure, par Schwilgué.
304. Echappement d'horloge monumentale,   --
305. Cadran de l'ancienne horloge de la plateforme de la cathédrale
     de Strasbourg.
306. Anciennes aiguilles et cadrans d'églises alsaciennes du XVIe au
     XIXe siècle.

....

COLLECTIONS   DIVERSES

Mouvement et pièces détachées, aiguilles, coqs, clés, cadrans, fonds de boîtes.

Numismatique horlogère. — Estampes et dessins relatifs à l'horlogerie, bustes et portraits d'horlogers.

....

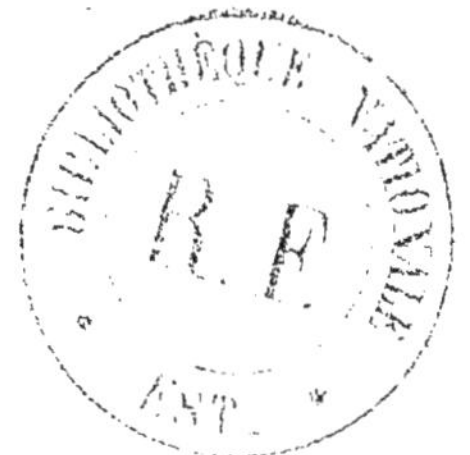